国家出版基金项目
NATIONAL PUBLICATION FOUNDATION

"十二五"国家重点出版物出版规划项目

走向世界丛书

主编　钟叔河　曾德明　杨云辉

FROM EAST TO WEST

蔡钧 出洋琐记

陈四益　穆易　校点

岳麓書社·长沙

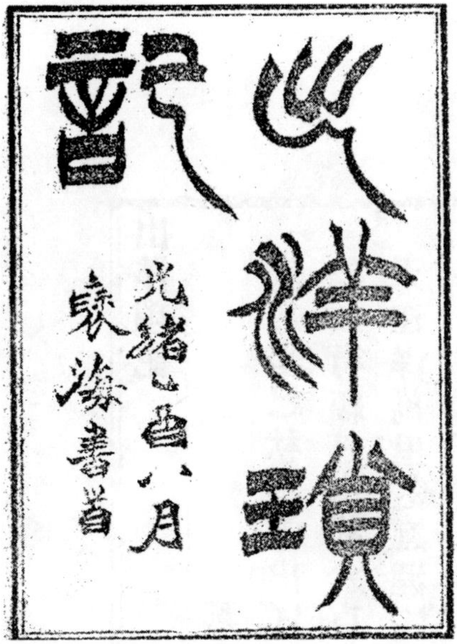

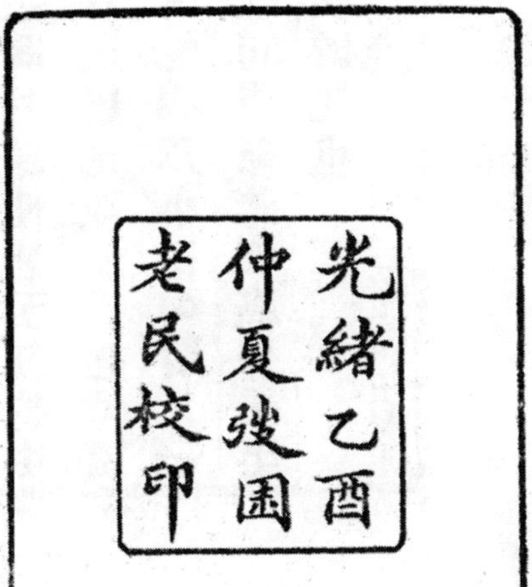

出洋琐记书影

出洋瑣記

燕山 蔡 鈞和甫輯述

鈞於辛巳秋奉調出洋隨使美日秘三國自香港鼓輪啟行經日本越大東洋而抵美洪濤撼地巨浸稽天汪洋萬里浩無涯涘航海者以此爲最遠歷程凡二十七日居美京華盛頓三閱月隨使節至紐約由紐約登舟越大西洋而抵日斯巴尼亞使憲遂命留日都參贊使事兩載之間雪泥鴻爪小作勾留凡一身所閱歷耳目所見聞不無可書略誌梗概俾未至海外者可作卧遊資非敢云游記也

出洋瑣記 一 弢園王氏刊

出洋琐记首页

伏乎其中威乎其外漁夫樵叟自不敢狎至焉薄海士民罔不倚賴鈞見聞淺陋學識檮昧以芹曝之忱爲蒭蕘之獻雖明知無當高深於萬一然必竭其涓埃者誠也伏望俯賜采納不勝竦仄翹企之至

出洋瑣記附錄終

天南遯叟手校

出洋琐记末页

二里自新嘉坡至此舟行兩晝夜一時有半計程二千四百二十一里碼頭在江之西岸是處爲越南極南海口屬嘉定省咸豐八年越人殺害敎民與法起釁搆兵法初欲取順化以道路崎嶇山嶺險巇遂舍之而攻嘉定數年之間屢遭敗衄不得已願割六省地與法議和六省中西貢最擅形勢法人設總督駐守而以水師提督兼固海防爲我國閩粵商賈貿遷其地者約四萬人居法之各省屬埠者約二十三萬人凡自十五歲以上新至者需納身稅銀二圓一年以後納銀五圓近日又復加增貿易者領牌分七等按歲繳之於官一等牌費

出洋瑣記

弢園王氏刊

出洋琐记刊本正文

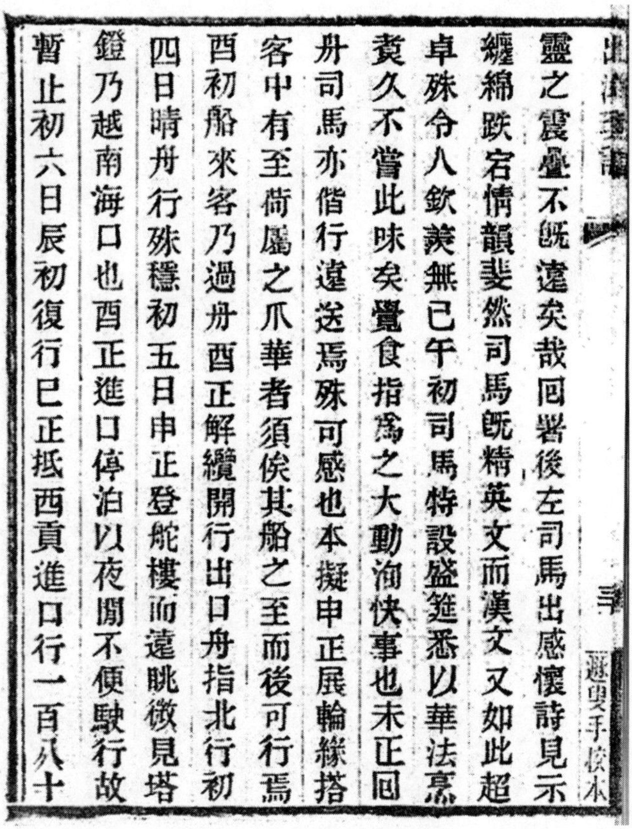

出洋瑣記　一　遯叟手校本

靈之震盪不旣遠矣哉回署後左司馬出感懷詩見示纏綿跌宕情韻斐然司馬旣精英文而漢文又如此超卓殊令八欽羨無已午初司馬特設盛筵悉以華法烹賁久不嘗此味矣覺食指爲之大動洵快事也未正回舟司馬亦偕行遠送焉殊可感也本擬申正展輪緣搭客中有至荷屬之爪華者須俟其船之至而後可行焉酉初船來客乃過舟酉正解纜開行出口舟指北行初四日晴舟行殊穩初五日申正登舵樓而遠眺微見塔鐙乃越南海口也酉正進口停泊以夜間不便駛行故暫止初六日辰初復行巳正抵西貢進口行一百八十

出洋琐记刊本正文

本册总目□

□

蔡钧出洋琐记

□

附　蔡钧出使须知

丛书新序

钟叔河

二〇一三年十月

“走向世界丛书”一百种，只收晚清时期 from east to west（从东方到西方）的记述，这并不等于说，只有十九世纪末二十世纪初的中国人，才需要面对走向世界的问题。

纵观人类历史，走向世界决不是什么地区性和阶段性的活动，而是不断出现在全人类发展进步过程中并与之同步的历史现象。一百万年前，人类开始从非洲进入亚洲和欧洲，一万年前，又从亚洲进入北美洲和大洋洲，就是在不断地走向世界。

从有史以来的文献、文物看，三千多年前的《奥德赛》和《出埃及记》，说的是古希腊人和以色列人走向世界——走向地中海和巴勒斯坦。两千多年前的《史记》和《汉书》，写了张骞和后来汉朝“益发使”走向世界——曾走到罗马在西亚的边陲。一千三百年前的《大秦景教流行中国碑》、七百年前的《马可·波罗游记》和四百年前的《利玛窦中国札记》，记下了阿罗本、马可·波罗、利玛窦的 from west to east，这和 from east to west 一样，都是在走向世界。

人类曾因地理、种族、制度、意识形态等原因而互相分离，甚至隔绝。夜郎国的君长初见汉使时问：“汉孰与我大?”当是时，夜郎的世界僻处黔西，其“大”可知；连夜郎都未入版图，则汉之“大”亦远不如今之中国。但人为万物之灵，为了求生存谋发展，总不能老守着自己的一亩三分地，总会要想方设法走向世界——走向更广阔的外部世界。于是，汉要“通西南夷”，要前往原来“道险终不能有”的夜郎；夜郎要问“汉孰与我大”，要想改变原来“不知汉广大”的状况。由互相隔绝变而互相接近，互求了解，这就是走向世界。

走向世界，无论是自己走出去还是让别人走进来（总比让别人杀进来好），无论是主动的还是被动的，从总的历史进程看，用大的历史眼光看，都有利于发展，都是一种进步。对汉朝来说是如此，对夜郎来说亦是如此。两千年前是如此，两千年后亦是如此。上世纪七十年代末开始编辑出版“走向世界丛书”时是如此，如今来继续编辑出版这部丛书时亦是如此。

今天的中国已不再是七十年代的中国，虽然仍称发展中国家，经济总量却早已“超英”，正在“赶美”，但走向世界的路还“漫漫其修远”。时至现代，走向世界当然是要走向现代化的世界，也就是要高度现代化，全盘现代化。“四个现代化”的“四个”——工业、农业、科技和国防，已经“化”出了很大的成绩，而我们的管理现代化，我们的服务现代化，我们的制度现代化……要走的路的确还很长。

现代人走向世界，首先要使自己成为能接受全球文明，有世界知识，有世界眼光，有世界理想的人。“走向世界丛书”杰出的作者，如郭嵩焘、黄遵宪……又如邹代钧、金绍城……他们看到的新技术还是德律风（送话器和最早的手摇电话机)、火轮车（蒸汽机车）……我们如今却已经用上了智能手机、坐上了波音飞机……但在思想层面上，我（不敢称我们）反省自己的世界眼光和世界理想，甚至在世界知识的某些方面，比起一个多世纪以前的郭、黄他们来，差距实在还不小。在这方面，也就是人的现代化这方面，要走的路就更“漫漫其修远”了。

五年前北京奥运会的成功举世公认，它已经成为中国走向世界的一大标志。它的口号：

ONE WORLD，ONE DREAM

“同一个世界，同一个梦想”，这也应该是现代人走向世界的志向和目的，是我们继续编辑出版“走向世界丛书”的志向和目的。

丛书原序□

锺叔河

一九八〇年七月

人们常说，今日之世界，乃是一个“迅速缩小的世界”（rapidly shrinking world）。在电视卫星、激光通信和喷气式客机的时代，地球之上各地之间的距离，确实好像越来越短，人们相互间的接触和交流，也越来越方便和密切了。

可是，仅仅在几代人以前，异国还显得那样的离奇和遥远。古代欧洲人说，中国人用小米和青芦喂一种类似蜘蛛的昆虫，喂到第五年虫肚子胀裂开，就从里面取出丝来（Pausanias《希腊纪事》）。古代中国人则曾经相信，西方有种羊羔是从泥土里生长出来的，脐带还连着大地（《旧唐书·西戎传》、《渊鉴类函·边塞部九》）。这类海外奇谈，今天听起来简直不可思议，而在过去上千年中，却一直被当作可信的资料，记载在欧洲和中国的史书上。由此可见，人类文明的发展，经历了一条何等漫长曲折的道路。

为了探索和开辟外部世界，丰富自己的物质和精神生活，各国人民都作过许多贡献。人类文明史像叙说伟大的发明家和著作家一样，将永远铭记着张骞、玄奘、马可·波罗、哥伦布等不朽的名字。我们甚至可以这样说：一个民族从中世纪到现代的历史，也就是它打开眼界和走向世界的历史。

历史的发展从来是不平衡的。当黄河、长江已经哺育出精美辉煌的古代文化时，泰晤士、莱茵和密西西比河上的居民，还在阴暗的原始森林里徘徊。而自从地理大发现和产业革命以来，中国却相对地落后了。在西方实现资本主义的现代化以后，中国还是一个基本上同外界隔绝的古老国家。是鸦片战争打开了中国的大门，也打开了中国人的眼睛。人们称林则徐和魏源为清代最早“开眼看世界”的人，因为西方的坚船利炮打到中国来时，他们首当其冲，亲身感到这个世界在缩小，距离和壁垒再也不能将异国隔离开了。

过去时代的中国读书人，在“严夷夏之大防”的社会里度过了上千年。封闭的外壳被打破后怎么办？守旧派的办法是把脑袋钻进沙子里学鸵鸟，像慈禧太后的大学士徐桐，见到洋人就以扇遮面。就是这个徐桐，在庚子年间焚香叩请骊山老母下凡来“杀尽洋人”，结果骊山老母没有下凡，他自己的老命却白白送掉了。而林则徐和魏源则不同，提出要“师夷长技以制夷”，主张学习外国的长处，以对付外国的侵略。要学习，先得了解，于是林则徐编了《四洲志》，魏源编了《海国图志》。虽然他们未能亲身出国去考察，书的材料靠间接采辑而来，难免有许多谬误，但无论如何，地里长羊羔之类的神话毕竟不得不逐步让位给常识了。

林、魏之后，中国才开始有读书人走出国门，到欧美日本去学习、访问和工作。容闳、王韬、郭嵩焘、黄遵宪和严复等人，要算是最早的。接着出国的人渐渐多了起来，尽管其中不少是奉派而去的政府官员，但既然去了，就不会不接触近代—现代的科学文化和政治思想，也就不可能不在中国发生影响。

“走向世界丛书”专收一九一一年前国人亲历

欧美和日本的记述。自从一八四〇年鸦片战争失败那时起，先进的中国人，经过千辛万苦，向西方国家寻找真理。应该说康有为和在他之前的郭嵩焘、王韬、容闳等人，的确代表了近代中国向西方寻找真理的一派人物。当然，丛书所收的，也并不全属先进的人物的作品；但总而言之这些都是中国人从东方走向西方的实录，自有其文化的意义和历史的价值。

必须指出的是：从鸦片战争到五四运动这一历史时期中，西方国家虽在许多方面比中国先进，值得中国人学习，但国家利己主义的本质，却总是要压迫剥削比他们落后的民族的。中国人走向世界、接触西方，既有一个学习外国长处的问题，又有一个抵抗外国侵略的问题，盲目排外和盲目崇外都是错误的。对于某些作品中不免流露的这类观点，我们将在为各书撰写的叙论中，适当地作些分析，供读者参考。

“洋为中用”是我们今天的主张，也是十九世纪先进的中国人的主张。“师夷长技以制夷”，不就是“洋为中用”吗？当然，随着接触和认识的逐步深入，人们慢慢地看出：仅仅学一点“长技”，搞一点坚船利炮，还是不行的；要救国，只有维新，维新行不通，就只有革命。伟大的革命先行者孙中山，用他自己的话来说，也是在一八七八年出国以后，“始见轮舟之奇、沧海之阔，自是有慕西学之心，穷天地之想”，才树立了推翻清朝建立民国的大志和信心。历史无情亦有情，后人的思想和事业肯定要超越前人，但前人的足迹总可以留作后人借鉴，先行者总是值得纪念的。

今天的世界已不是十九世纪的世界，今天的中国更不是清朝末年的中国。今日之中国，已经逐渐以现代的面貌，出现在世界的东方。但是，世界的进步越来越快，中国的经济和文化等许多方面还需要不断地发展和提高；这就必需继续打开眼界、走向世界。打开眼界以后，还要学会分析，分清好的和坏的。一切好的东西，要拿来为我所用；一切有害的东西，要实行抵制和预防。在这方面，前人的经验和教训，有一些也仍然值得我们注意。

谨将这套丛书奉献给爱好历史和文化、关心中国和世界的读者，希望它能在中国现代化的过程中，起到一点微薄的作用，是为序。

丛书凡例□

（一）“走向世界丛书”一九八六年前已刊三十五种，二〇一五年起仍按原定一百种的计划继续刊行，仍然专收现代以前用文言写作的国人考察西方（含开国后的日本）的记述，仍以亲身经历、直接闻见者为限。

（二）丛书按作者出国年月排列次序，尽量单行，即以一种为一册；只有字数过少无法单行者，才以两种或数种合订成册。合订本尽可能以类相从，按第一种出国年月排序；其各种均在封面列出书名，书脊则只列出第一种书名，并在其下注明“等几种”（另有附录者则注明“附几种”）。

（三）每种（册）书前，均由编校者撰写导言（叙论），介绍作者有关背景和书中重要内容，酌加评论分析，以供读者参考。

（四）丛书均经编校者校订，标点分段，并加边批。边批的内容主要包括三个方面，兹以《随使德国记》为例，举示如下：

1. 标题、提要和说明，如“星使由苏州来”、“普鲁士分一十二省”、“演八十日环游地球的故事”、“如夫人即赛金花”、“‘人工’今皆称工人”。

2. 书中较重要的译名（加括弧注出原文或今译），如“德璀琳（Detring）”、“毕驷马（俾斯麦）”、“布莱门（不来梅）”、“德利风（电话）”。

3. 原文的订正和存疑，如“‘公司船’原无船字”、“‘骁勇’原作‘骑勇’”、“‘薛福成’成字原作辰”、“奥京立斯本应是维也纳”。

（五）每种书后，均附人名索引，人名依首字笔画和一丨丿丶乚排列，按年、月、日三节数字查检（正文单页码下均有年、月、日三节数字备查)。如德璀琳之“德”字为十五画,于索引“十五画”内检得其名下首列“13,8,17”,查正文“13,8,17”在P.3下,即可在P.3上找到(光绪十三年八月)十七日“乘肩舆往拜税务司德璀琳”的记载。

(六)每种书后,一般附有译名简释(今昔译名对照,必要时并加说明),亦依首字笔画和一丨丿丶乚排列。如“卜兰墩浦 Brandenburg,勃兰登堡”,又如“勺勾腊 chocolate,巧克力”。

(七)人名索引和译名简释的条目,并不限于边批中所举者;边批中所举者,则必皆收入索引和简释。

(八)人名索引按年、月、日三节数字查检,其原书不著年、月、日者,则按篇章序号或页码查检。

(九)原文因排印(抄写)而出现的明显的文字错误径予改正,不在边批中出注。

（十）原文中同一外国地名而作者译法多样，如缪祐孙《俄游汇编》中“彼得堡”就有“比得堡”“彼德堡”等异文，“莫斯科”也是如此。此种情形，无碍阅读，故一仍其旧，不作统一。

（十一）原文中之统计数字均一仍其旧。少量表格中之统计数字，为方便读者阅读，改为阿拉伯数字。个别已经失去时效、并无参考价值的资料，则在说明情况后予以删去。

（十二）丛书均以简体汉字印行；除总序、凡例外，编校者所作导言（叙论）、边批、索引中涉及的数字均按现行规定采用阿拉伯数字。

叙论：与西班牙外事交往的早期记录□

穆易

蔡钧参赞西班牙使事的经历

上海辞书出版社1990版《中国人名大词典·历史人物卷》："蔡钧，清末浙江仁和（今杭州）人，字和甫。曾任苏松太道。光绪二十七年（1901），以四品候补京堂任出使日本大臣。为防止知识界受民主思潮影响，曾电请清廷停派留日学生，并阻挠中国留学生入日本陆军学校学习，受国内外爱国志士严厉谴责。二十九年被清政府召回。"没有一字提及其以参赞襄理西班牙使事并著有《出洋琐记》之事。其实这个时候（二十世纪八十年代末）的《出洋琐记》，已经由钟叔河先生请陈四益校点完毕，因钟先生离开了岳麓而没来得及出版。直到今日，才得以将这个在光绪乙酉（1885）八月由"弢园老民"王韬手校刊印的《出洋琐记》及《出使须知》问世。据书后王韬之跋，《出洋琐记》《出使须知》都刊刻于光绪乙酉年（1885），该版本每页版边均有“遁叟手校本”“弢园王氏刊”字样。钟叔河回忆说，这个版本的来源已经记不太清了，可能是得之一个老翻译家之手，当时他提供了数种与“走向世界丛书”有关的原版复印件。

王韬，近代名人，主张变法图强，实业强国。曾游历欧洲、日本，“走向世界丛书”初编出版了他的《漫游随录》《扶桑游记》。光绪十一年（1885）他创办弢园书局，以木活字出版书籍。蔡钧的《出洋琐记》《出使须知》应该是弢园书局刊印的第一批书籍。

关于蔡钧的籍贯，上引《中国人名大词典》作“浙江仁和人”，但据《出洋琐记》王韬手校本，其首页署名为“燕山蔡钧和甫辑述”，蔡钧《续陈管见》一文中又有“钧以燕山下士，樗栎废材”之句，《出使须知》“自序”中有“燕山蔡钧和甫自序于粤垣旅廨”，正文有“钧，燕山之鄙人也”，由此可知，蔡钧应为燕山人，而非浙江仁和人。

蔡钧与王韬光绪元年之前已经相识，蔡钧从欧洲一回到香港就马上前往拜访王韬，不料王韬已经去了上海，“十年老友，万里相睽，而既至其地，仍复不得一见，其为怊怅何如哉”（文中引文除有注明者外，均摘自本书），足证二人情谊匪浅。蔡钧先是创设药局，并邀请王韬共同打理，后又“宦于粤中，大吏知其能，屡试以盘错捧檄办中外交涉事，皆不至于掣肘，如竹迎刃，如丝就绪，其才盖有足多者……适郑玉轩星使奉命为驻札美日秘大臣，有以和甫荐者，遂随星轺西迈，旋为日斯巴尼亚参赞”（王韬跋）。其《出使须知》首节中也写道：“筮仕粤东，需次穗垣，应官听鼓者亦既有年，蒙上司称之曰能，屡试之以盘错，曾捧檄专办洋务，幸未尝辱命。辛巳秋，奉郑玉轩星使奏调，随使美、日、秘三国。旋以使署乏人，札留日斯巴尼亚都城，参赞使事。”可见蔡钧在随郑藻如（号玉轩）出使美国、日斯巴尼亚（西班牙）、秘鲁之前，就已经有了较为熟练的与外国人办理交涉的经验，他能被人推荐并被郑藻如委任为以参赞身份襄理西班牙使事是顺理成章的。

光绪七年辛巳（1881）秋，蔡钧自香港出发，经日本抵达美国旧金山，历时二十七天。此后又经七昼夜到达华盛顿，入住驻美使署。或许是英语娴熟，又有与外国人打交道的经验，蔡钧在美国虽然呆的时间不长，但也有所建树，如“美都院绅中，有毕君、摩君者，前日屡议禁止华佣者也。自与钧交，相处渐久，然后两君皆知禁止华佣之非是”（《出使联络略述》），能让美国议员改变看法，蔡钧应该做了不少努力。

“驻美三月”后，随郑玉轩经纽约、伦敦、巴黎，于光绪八年（1882）三月十七日抵达日斯巴尼亚（西班牙）首都马德里。因为水土不服，患咯血症，久治不愈。五月二日，郑藻如留蔡钧为驻日参赞，襄办使署事务，蔡钧以病力辞，郑藻如劝其“勿复辞”，理由是：“将来秘鲁等处开办需员，皆宜用日国语言文字。子齿牙灵敏，留此兼可学习。其加意调摄，勿复辞。”

蔡钧由此开始以参赞身份襄理驻西班牙使署事务，学习西班牙文。他于五月初六日延请“西士哥君教习日文”，除偶与同事一起观剧游园，流连光景之外，杜门不出，专修西班牙文。六、七两个月即使咯血加剧，但“力疾从公，不稍间断”。不过，因为马德里会英文的人不多，他此时的学习只能靠着一本华英字典揣摩而已。直到过了差不多一年时间，才找到一个美国教师，请他每周三天到使署教学一个小时。此时应该已是光绪九年了。一日蔡钧的“同学友人”邀至其家小宴，同学之父安君得知蔡钧因病闭门不出，惮于酬应，因此劝说道：“两国交际，其益甚大。子既习日文，宜时与日人周旋，其功倍速。”蔡钧听进了安君的意见，开始与各种人员打交道。如六月二十八日与议院议员沙君到辉儿士城度假，七月二十日与侯爵郭君一起前往巴、答两省的制造局参观，八月四日之后不断参加西班牙部院官绅、各国公使邀请的茶会、宴会。九月初六、十二两日，因西班牙侯爵亚君、科君称欲一睹使署陈设之中华器具，特意在使署分设茶会，邀请西班牙部院官绅、英、美、土各国公使前来，以致“日都新报，议论纷纷，奖饰逾恒，咸谓中国使署较之往日，奚啻天渊”。

他深有感触地说：“始知安君所言不谬。以前绝少出外酬应，故于风土人情，未得预闻。今既得追陪诸君子后时相往来，于交接之道，联络之方，略知梗概。”可见他在《出使须知》中关于使臣、参赞、随员等的各项宜知事项说得头头是道，是有切身体会的。

频繁的应酬，也让蔡钧的病情加剧，在“医无成效，酬应日广，费用浩繁，势必难乎为继”的情况下，他向公使郑玉轩申请或回美或返华。光绪九年十一月，在等待回批的时候，他得知“中法事将决裂，粤垣海防严迫，家书屡至，焦灼万分”。同事朱茗原认识巴黎一个颇通中医之人，他便一同前往巴黎治病，不料该医生已经前往中国而不遇，只得暂留驻法使署以养病。十二月，郑玉轩批准蔡钧“销差回华”。蔡钧当即前往霍辉司敦拜见曾纪泽辞行（曾纪泽在其《出使英法俄国日记》光绪十年一月八日记载有蔡钧来访之事，霍辉司敦，曾纪泽记音为福克斯登），同时往伦敦使署与朋友告别。曾纪泽时为出使英法大臣，可能是曾纪泽抗议法政府的挑衅，并主张中国坚决反击的态度引起蔡钧的共鸣，也可能是蔡钧向曾纪泽求教对法的应对之策，所以才会有此一行。次年蔡钧在其《代呈奏疏》中提出的法有“必败之道三”，我有“可胜之道六”，并对法有“内难三”“外难三”的情形提出了明晰的分析和判断，应该与此行有关。

光绪十年（1884）正月二十九日临行之前，蔡钧应邀先参加了西班牙白兰伯爵的茶会，接着又前往公爵活兰鲁芽处，参加了马德里三十年才举行一次的第一胜会

"嘉那华茶会"（即嘉年华），在会上见识到了侯爵拉夫人那价值三十五万、"以钻石结成"，侯爵满夫人价值二十四万、"以珍珠攒簇"的华服，并与西班牙君主、君后交谈中国的忠信孝悌之说。

光绪十年二月初一日，蔡钧离开马德里，取道法国巴塞罗那、马赛，经地中海、红海、南洋，于三月十一日抵达香港。蔡钧在《自日旋华节略》中用较长的篇幅介绍了他这次回国的经历。其中在西班牙结识的友人挥泪送行的细节让人动容，说明蔡钧在联络感情方面确实做得不错。

四月，蔡钧回到广东，旋即接到通知，赶往南京，拜见时任钦差南洋大臣、署理两江总督的曾国荃，深得曾国荃看重，留总督府任职。蔡钧将其所著《出洋琐记》《出使须知》呈请曾国荃作序，曾国荃欣然命笔，高度评价，称其"练达老成，于国政得失利害之处，靡不晓明而畅彻……随使节历涉西洋……典礼仪文，毫无疏略，不辱君命"，"能深考细究，无微不至，无物不周。是编之刻，岂寻常笔记所可拟耶"；称《出使须知》是"凡出洋者，必不可少"之"使臣圭臬"（曾国荃《出使须知序》）。

中法战事再起，一直关注此事的蔡钧得到即将赴京统领神机营的善庆（字厚斋，蔡钧称为善厚帅，军机营统领）亲睐，随同前往北京，任职于神机营营务处。蔡钧感慨时事，结合自己出洋所见所得，写了《代呈奏疏》《敬陈管见四条》《再陈管见》《续陈管见》等奏章条陈，就抗法必胜、中外交涉等事项提出自己的主张，希望能为时事贡献自己的力量。

也许正是这些奏疏条陈引起了当道者的看重，此后他出任苏松太道，出使日本大臣等职，都是涉及中外交涉的重要职务。缪荃孙《日游汇编》“日本考察学务游记”卷有其达到日本东京后于“［光绪癸卯（即光绪二十九年）正月］二十六日壬午，晴。谒钦使蔡和甫（钧）、监督江伯唐（大燮），长谈”，二月十日“蔡星使招饮”的记载，可见光绪二十九年（1903）蔡钧的确仍是出使日本大臣，与上引词典记载相符。

蔡钧的出洋琐记

蔡钧将“其纪舟车之所经历，耳目之所见闻，程途远近、南北往来者，有类乎游记”者，辑为《出洋琐记》；又“将呈递国书、朝会宴贺诸典礼，以及应带衣物、各西官物色，凡有关日用酬酢者，一一具载”，写成《出使须知》。另外还“将所学三国语言，以中土南北正音切成西音，汇集简编，以便览习”，是为《舌人小录》。《舌人小录》似乎没有付梓。

《出洋琐记》由海外邮程纪略、日都风俗纪略、出使联络略述、各国风俗略述、日都小驻纪略、自日旋华节略六个部分及奏疏条陈附录构成，为我们了解十九世纪八十年代初期西班牙风土人情以及我国与西班牙的外交史留下了宝贵的史料。

“海外邮程纪略”“自日旋华节略”两个部分实际上构成了蔡钧环球一周的全过程。“海外邮程纪略”讲述蔡钧从香港出发，经日本、旧金山到达华盛顿，再由华盛顿经纽约、伦敦、巴黎到达马德里的历程；“自日旋华节略”则是记述从马德里经巴塞罗那、马赛，过地中海、红海、印度洋回到香港的经历，也就是我们今天所说的海上丝绸之路。当年前往欧洲游历的不少人都如蔡钧这样记载了这条海上丝绸之路所历各地的风土人情以及与我华人有关的情形。如钱德培《欧游随笔》、潘飞声《西海纪行卷》《天外归槎录》、池仲祐《西行日记》、余思诒《楼船日记》、吴宗濂《随轺笔记》、载振《英轺日记》、蒋煦《西游日记》、陈琪《环游日记》、张元济《环游谈荟》等，这是研究海上丝绸之路史最好的原始史料，也是中外交流史最有史料价值的原始记录，相信随着“走向世界丛书”续编中这一批图书的出版，将会引起研究者极大的兴趣。而蔡钧的记录则是这批图书中较早的一部。

“日都风俗纪略”极为详细地介绍了西班牙的风土人情、政治制度。他说西班牙“俗尚丰盈，人多豪爽，好奢靡，喜华美”，马德里都城不过十五里，而大小戏园也有十五之数。其戏园“春冬两季，各园均于晚间开演，灯火辉煌，笙歌嘹亮，往往自宵达旦”，并详细描述了戏园演出歌剧（欧扒拉）的情形、座位、票价、观看者的郑重态度等状况。对于其他如茶会盛行、夜市热闹、斗牛之戏、假面舞会、嘉那华会（嘉年华、狂欢节）、贫民洗足会等具有浓郁西班牙风格的习俗也做了详细描述。此外还对西班牙国分四党、内阁八部、爵绅三等的社会政治情形做了介绍。《出洋琐记》应该是我国最早介绍西班牙风俗和政治制度的著作之一。

与“日都风俗纪略”相似的“各国风俗略述”，只是由西班牙一国扩展到了西方各国，简要讲述了西方国家君民共治、男女并嗣、婚姻自由、“重艺术而轻文章，尚制造而禁仿效”、重利而轻名的情形。又专门说到，西方各国对待华人的态度，如“欧洲各国，每见华人，甚加优待，日、英两国尤为渥挚”，大概是他自己的亲身体会。他又提到“法国近日待华人远不如前。美国上位之人待华人颇厚，惟埃利士人则嫉华人如寇仇，辄加凌辱肆侮”，加州和纽约“其薄华人尤甚”。而“航海至东南洋而达苏彝士以诣西土者，所有土人无不藐视华人”，如果不是与欧洲人同行，甚至有被“劫夺虏杀”的可能。这种说法倒是不见于其他人的记载，不知蔡钧何以有此感慨。

“出使联络略述”可以说是其《出使须知》的缩略版，核心都是一个，即“联络一道，出洋所断不可少者也”。为什么说联络一道如此重要呢？他举西班牙为例说：“国分四党，而四党中均有酋目以主厥事。平日无事之时，可与之往来酬酢、晋接晤谈，则他日遇事，易于商办，不致龃龉。”也就是说因为平时常联络，增加了感情，加深了了解，一旦有事之时，比平时毫无接触总要好上不少。正因为相互之间联络的重要，所以别的国家使臣用于联络之费用甚至可入报销之中，而“中国遣使出洋总署，于薪俸杂项之外，从未议及此款”，因此他呼吁当道者“嗣后要宜于此加之意焉”。他在《再陈管见四条》《续陈管见》中更是专门就此做了深入的陈述。

“日都小驻纪略”则是现身说法，讲述他是如何实践“联络一道”的。这一节中，上面“蔡钧参赞西班牙使事简介”已做介绍。蔡钧作为襄理西班牙使事的参赞，在西班牙的两年中，第一年，主要是养病和学习西班牙语言，而且是靠着一本华英字典闭门自学。直到一次与友人之父的交谈，才恍然大悟，在交往中学习语言可以事半功倍，从此开始有意识地多方联络，加深了解。从后来他回国时西班牙友人挥泪相送的细节中可以看出，他在联络感情方面是做得不错的。在这一节中，有一处记载很有意思，不妨抄录如下：

> （西班牙君主）见钧，即问安好，且言：“闻之诸臣，尔交游慷慨，甚为国中人士所钦羡。尔好谈孝悌忠信之道，因果报应之说，果有之乎?”钧敬对曰：“此中国风俗使然。平日父师之教子弟，以此为本。屡承爵绅下询，遂为之道及耳。”侯爵拉夫人旁答曰：“中国爱老怜贫，孝亲敬长，殊可令人叹美，此欧洲之所不及也。惟婚配主自父母，似稍逊耳。”君主曰：“中国尚伦常、重亲命，婚配之事由乎父母，理固宜然也。”

看来，蔡钧的联络之道做得的确不错，侯爵拉夫人叹羡中国的“爱老怜贫，孝亲敬长”的美德，应该就得益于平时与蔡钧的交流。而且连西班牙国王都知道他“交游慷慨”，与人交往，常常谈论中国的孝悌忠信、因果报应那一套，可见他在马德里的名声还是颇大的。不过，与外国人的交往谈论，满口的都是仁义道德，说明他的思想还是偏向保守的。他后来作为出使日本大臣，却做出阻止留学生入日本陆军学校、建议停派留日学生等举动，应该与其思想保守有极大的关系。

被称为出使圭臬的《出使须知》

作为本书附录的《出使须知》实际上是《出洋琐记》的姊妹篇，是蔡钧综合他自己的出使心得和别人所述的出使经验总结所得，对于当时的出使者、游历者应该是具有较高的参考价值的，曾国荃说它“洵为使臣圭臬，凡出洋者，必不可少”是有一定道理的。

《出使须知》讲述了出使之人应配置的公服、便服，携带行李的注意事项，搭乘车船的注意事项，赠送西人应准备的礼物，与西人往来的礼节，呈递国书、参加朝贺的礼仪，参加西人举办的各种茶会、宴会、舞会应注意的各种事项，对待西方女士的礼节，邀请西方人士参加自己举办的各类茶会、宴会、舞会的各种礼节，各级公使应有的礼仪、行事原则和使命，参赞、领事、随员、翻译应做的事情等等。

蔡钧虽然写《出使须知》时只是做过参赞，但是他对使臣应做的七个方面的事宜说得头头是道，说明他是很有见识和思想的。下面将他所说的七个方面略加引述，以窥其貌。

一、作为使臣，应该经常联络驻所在国的各国公使。“居常则雍容晋接，藉通消息。遇变则坛坫折衷，藉资援助。倘有交涉之事，至要且难，十分棘手，正可因前日之交情，密往请教”。也就是说平时多加联络，互通消息，遇事可以为援手。

二、作为使臣，应该与驻在国的王公大臣、议院议员、各种绅士、地方文武官员多方交接，相与应酬，他认为“西人最争体面，苟有交情，必不肯任友人稍有抑屈而必力争求胜”，对于解决外交纠纷有很大的帮助。

三、使臣应该将每年商办的事件汇辑成书，于年终咨送国内总署，以便国内“洞悉各国办事情形”，也便于有根有据处理各种外交交涉。

四、使臣应该略微学一点西方语言，这也是应酬的需要。像曾纪泽，通英法两种语言，在与外国人的交流中，就能得心应手，赢得了外人的尊重和敬畏。

五、使署人员应多留旧人以资熟手。因为在外国已经多年的使署随员，对所在国的情形已经非常熟悉，对于新任使臣尽快上手更有帮助。

六、使臣应洞悉外情。他认为：“凡人之情，无不夸其所长，而讳其所短。苟非洞悉其隐，则每为所蔽，以致堕其术中。”因此刺探外情是使臣的第一要着，第一急务。前面所说的常联络各国公使也好，还是常应酬驻在国的爵绅议员也好，实际上都应该是刺探外情的外在手段。

七、使臣应该习练外事。也就是说，作为使臣，应该对各国的风土人情、政经文化、法律军政、舆论舆情都要主动熟悉了解，如果漠不关心，尸位素餐，就不配使臣之职。因此他详细说明了有心历练的好处和无心历练的弊端，言辞耿直而恳切。

他对于参赞代行使署之事，所应应对的事宜，交代也特别用心，应该也是他的体验心得：

> 每当见各国公使及其国官绅，须加意款洽，容貌词气务尽谦和，不可过抗，尤不可过卑。寒酸之态，鄙吝之怀，当一洗而空之。盖名虽参赞，而既留代办事务，即有应行应发之件，实与使臣无异，上何以持国体，下何以笃邦交，胥于是乎赖。若猥琐龌龊，绝不与其官绅交接，而又惮见各国公使，则将为彼所轻，不独有负使臣所委托，抑亦辱朝廷而为使臣羞。其关系良非浅鲜也。

蔡钧的《出洋琐记》自王韬手校刊印以后，流传似乎不广，但它却是我国与西班牙交往史较早的记录之一，《出使须知》则可以看作晚清出使人员的出使手册。本次作为“走向世界丛书”之一出版，对研究我国早期的外交史和中西交流史应该有一定的帮助。笔者学识有限，只能稍作介绍，以为引玉之砖。

蔡钧出洋琐记□

光绪七年（1881）秋	香港出发
船行六昼夜	抵日本横滨
约行十六昼夜	抵旧金山
行七昼夜	至华盛顿（住三月）
行八昼夜	由纽约抵英国
由英国伦敦舟车并用至巴黎	
光绪八年三月十七日	自巴黎乘车抵西班牙之马德里
光绪八年五月二日	为驻日斯巴尼亚（西班牙）参赞，襄办事务
光绪十年二月初一	离开马德里返程
光绪十年二月初四	抵马赛遇窃
光绪十年二月十二日	抵苏彝士，入红海
光绪十年二月二十五日	抵锡兰
光绪十年三月初二日	抵新嘉坡
光绪十年三月十一日	返抵香港

□ 据光绪乙酉（1885）弢园老民校印本

□ 陈四益校点

蔡钧出洋琐记目录

出洋琐记序

钧于辛巳秋奉调出洋，随使美、日、秘三国。自香港鼓轮启行，经日本，越大东洋而抵美。洪涛撼地，巨浸稽天，汪洋万里，茫无涯涘，航海者以此为最远，历程凡二十七日。居美京华盛顿三阅月，随使节至纽约，由纽约登舟，越大西洋而抵日斯巴尼亚。使宪遂命留日都参赞使事。两载之间，雪泥鸿爪，小作勾留。凡一身所阅历，耳目所见闻，不无可书。略志梗概，俾未至海外者，可作卧游资，非敢云游记也。 辛巳(1881)

蔡钧出洋琐记

海外邮程纪略

由香港至美国，由美至英、法、日各国，计程七万馀里，此谓环地球一周。自香港启程，约行六昼夜，抵日本之横滨，计华里五千二百馀里。横滨为日人与泰西诸国通商一大都会。轮舶至此，停泊三四日不等。如欲登岸游览，可乘小艇，亦可另觅寓馆小憩。两岸排列多手车，日人呼为人力车，往来各处甚便捷，其费亦廉，惟须操东瀛方言，则不至凿枘耳。华人行贾于横滨者，浙闽为多，设有中华会馆，有事于彼集议焉。我朝设立领事，驻札翻译、文案各一员以理商务。署在会馆之左，规模亦颇宏敞。

横滨华人浙闽为多

由横滨至东京，一百二十馀里，轮车一时可达。东京

日本东京

旧名江户，为上将军所居，开幕府焉。今日王驻跸建都于此，遂号东京。房屋巍焕，街衢宽广，货物殷阗，殊有都城气象也。我国钦使公署设于永田町，与泰西列国使署衡宇相望，堂皇宏敞，足壮观瞻。客至东京游览者，一日尽可往还。

嘉厘符尼亚（加利福尼亚）

自横滨出口，汪洋靡际，岛屿皆无。直由大东洋约行十六昼夜，乃抵美国属地嘉厘符尼亚（一译作三番息士郭），即粤人所呼旧金山也。由香港至此，计程一万八千六百馀里。船舶岸旁，马车之待雇者络绎不绝。其地有我国总领事署，在兀勒士特力街。客馆寓楼，逶迤相属。有著名最大之逆旅，曰卜勒斯，楼阁九层，高凌霄汉，危檐蔽日，复道横虹，阶除则砌琼铺玉，栋宇则错彩镂金，一至夕间，电灯千百盏，射红流紫，壮丽甲于美洲。居其中者，按日取银五元。

行李逾重加价

由嘉邦至美京华盛顿，预日买定轮车，有床可睡者，需银百元。是处车例准携行李一百五十磅，逾重，每磅加银一角五分。是处启行，先渡海峡，由车房预备轮船，行三刻许，乃抵屋伦马头。登岸，即上火车，车厢容坐二十人，每一点钟行二十五买或三十买不等（买，泰西里数名，约中国三里许）。每日早、中、晚三次停车，以便搭客下车授餐。所停晷刻至速，迟则不及也。

自屋伦发轫，约行三昼夜，至一站，名阿妈华，乃美之属省。由此换车，车行渐高，渡山涉岭而前，最高处去海面八千二百五十尺，气候甚寒。

自阿妈华约行一昼夜，至一站，名西嘉郭，乃美之巨邑也，毂击肩摩，颇称繁盛。由此停车一时许，换车再行，其驶倍捷，每点钟约行四十五买。自西嘉郭启行，约三十六点钟，可抵华盛顿都城。沿途所见，林树蓊郁，田畴平旷，村落、墟里，历历可数，迥异荒寒境界，气象为之一新，较之日前所经，奚啻天渊。

美之巨邑西嘉郭（芝加哥）

自嘉省至美京，计程一万二千五百六十里，须行七昼夜。我国驻扎美国使署，在懿时特力街。

由美京至欧洲，须取道于纽约，然后登舟渡海。纽约城在都之东北隅，为贸易之总汇，繁华之胜集，巨商善贾，悉荟萃于此焉。每日晨、午、晚三时，均有火车往还，计六点钟许可至。城中第五街有寓馆，最宏敞，院宇峥嵘，陈设华焕，推巨擘焉。近日，新设领事。华人之居其地者约四五千。

贸易总汇繁华胜集之纽约

欲至欧洲，须在纽约购买船票，上等约银百元。船泊岸旁，由寓馆乘车直达。舟行大西洋中，约八昼夜，抵英属之君士汤埠，计程一万一千里。停泊时许，添储煤炭，旋即启行。自此抵苗尼细河，约八百七十四里，进黎佛浦海口，又十九里。投递信札者，乃登陆行。船主即以电达黎城。自纽约至黎佛浦，计程一万二千三百六十二里，其风涛之浩瀚，船舰之巩巨，称天下最。船即进口，并不泊岸，另以火轮、驳船装载人客行李，行三四里，抵评瑞士马头。登岸之时，各客行李，须自检点。此处寓馆，以立士威士顿为著名。英国公司邮船，均泊是埠。华人之为木

黎佛浦（利物浦）

工、舵师者多至焉。

自黎佛浦至伦敦，乘轮车行，约三时许，计程七百三十六里。上等车位约金钱三磅有半。伦敦为英国大都会，繁盛冠乎欧洲。周广五十里，人民数百万，众商雨集，百物云屯，操朱提以入市廛，求无弗得。寓馆之最巨者，曰冷恒。典丽矞皇，殆无其比。我国驻英使署在拨仑卑理士特力街。

伦敦至都发（多佛尔）

由伦敦达法京巴黎，舟车并用，需费十五元。自英京抵都发海口，计程二百九十里，车行约三时许。然后登舟航海，海面约八十里，天气晴明，彼此可以相望，惟海中波浪翻腾，船身颠簸，客多有呕吐狼藉者。过海，为法之嘉勒马头。此处建筑城垣，形势雄壮，附城炮台，巩固异常，盖法人扼守险要、特以防英者。诸国通商口岸亦即在此。既登岸，司车人即将人客行李检点齐集，代携行李者酌赏小银钱数枚。行半里许，至城南车房换车再行。

至法嘉勒（加来）

至巴黎里程

自此由开利至巴黎，约行六点钟，计程九百里。寓馆之宏敞华美者，推革兰阿特儿，惟价值过昂，使署人员往来法京者，多住珊思勒塞街。我国驻法使署则在八拉士得罗街。法京气象、规模，与伦敦相埒，而屋宇之华美，日用之奢侈，似又过之，虽经乱后，仍不减盛时焉。

巴黎至马得力（马德里）

自巴黎至日斯巴尼亚国（古名西班牙），每日晚间八点钟开车，约行七时有半，抵汉戴，则出法境而入日界矣。再行至一地，曰依拱，暂息易车，行二十有一点钟，抵日国京城马得力。自巴黎至此，计程三千八百五十里。日国都城，衢路开广，衙署宏整，危楼杰阁，连甍接栋。我国驻日使署在嘉冶亚雅拿街。

日都风俗纪略

日斯巴尼亚向与葡萄牙并为一国，号大西洋。他如南亚美利加洲之墨西哥各国，皆其属地，版图恢廓，固居然一大国也。嗣后，各立君主，不归日国统辖，其势稍衰，然规制犹存，富强足恃。俗尚丰盈，人多豪爽，好奢靡，喜华美，其积习然也。

俗尚丰盈 人多豪爽

马得力都城不过十有五里，而所设大小戏园亦如其数。春冬两季，各园均于晚间开演，灯火辉煌，笙歌嘹亮，往往自宵达旦。其间尤著名者，曰欧扒拉，译言唱舞，不用宾白，各国都会皆有之。所有优伶，悉意大利人，以其人世为乐工，精通音律故也。观剧房厢，共分五层，每层凡二十三间，每间约坐六七人。一、二、三层皆为官绅所预定，或四日一来观，或间日一来观。上等需银八百元，次等、三等递减焉。此外，别设椅位四百馀座，亦分三等，而亦有预定者，上等椅位需银二百五十六元，馀亦递减。若逢新剧，仓猝往观，一坐地需三十金。凡入戏园，先需购票然后得进。每晚以八点钟开演，十二点钟毕事。凡到此园者，男女皆用公服，女子悉袒肩露胸。君主、君后，亦常莅临。园中备有君主坐位房，大小二座，大者遇君主请客始到，寻常则至小房为多。每逢君主亲临观剧，后妃、姊妹居前，君主居后。馀尚有戏园八所，规模约略相同。又其次，为小戏园六，尊显者不屑至。等之

戏园盛况

自郐以下，无讥可也。

凡部院官绅、巨商富室，无不家有高车，厩有驷马，蹑电追风，四轮轫辘，甚者，马十馀匹，车五六辆，夸富斗靡，以多为贵。中等之家，亦俱自备。计一车两马，刍秣之费月需百五十元，少省亦须八十元。每日皓魄未升，斜阳将下，马若游龙，车如流水，群赴一园，曰勒低罗，花木繁绮，泉石幽深，藉以娱目骋怀，彼往此来，络绎不绝。君后、君主，亦停跸游玩焉。昏暮，各自散去。

高官巨富家有高车厩有驷马

国中官绅、士商多好客。茶会盛行，多于列国。每岁春冬，无日不举茶会。倘富厚之家，结纳外官，款延新客，不设茶会者，人多鄙之，呼为守财虏。五月以后，官绅、士商多出外避暑，八九月间始回都城。夏秋，戏园停演，或行马戏。有一名园，曰士碧力，每届夏秋之交，晚间九十点钟，士女如云，结队成群，趋之若鹜。园延袤数顷，崇楼杰阁，雾栋云窗，别饶胜境。四面悉用电灯，万点明星，辉煌若昼。入园之费，人需银钱两小枚。亦有演剧场，有为牵丝傀儡者，态状逼真，以供儿童观玩。有一所，奏乐者凡六十人，引商刻羽，铿锵中节，悠扬合度，音韵克谐，贵人多往坐听，每奏一巡，众皆击节叹赏。游人至子正始散。

茶会盛行

夜市盛况

城中阛市丛集处，多加非馆。子正以前，男女往饮者，纷如也。馆中亦奏乐。乐作，男女跳舞以为乐。售茶者丑杪始得闭门，铺户亦必至子正乃得憩息，夜市之盛如此。

阀阅世家彼此探访者，必以夜，必具茗荈饼饵，以佐清谈。丑正客散，始得安眠。故日间多晏起，未正，早餐，始梳栉盥沐焉。申正，乘车出外游历，抵暮乃回。童稚多随女仆眠起。

晚睡晏起

国中斗牛之戏盛行。每逢礼拜日，申正开演，戌正毕事。至时，往观者不下二万人，君主、君后咸临焉。椅位需银一二元不等，最下亦须半元。斗法：选健牛六头，两人乘马持枪，按辔从容以出，以红布蒙马眼。别有十馀人，身擐铁衣，手执红绸一方，随纵牛出，各撩拨以侮弄之。牛骤怒，奋角相觝，乘马者径前以枪刺牛背。牛暴触马腹，人马俱仆，执红绸者导牛至别所。所仆人马，再起与牛斗，牛背被枪三四次，马亦腹洞肠裂而殒。人与牛斗，须勇士八人，四人为一列，各持二尺许短枪以刺牛胫。锋刃陷入不得脱而其人不为牛所伤，方为高手。最后，一人左持长剑，右执红绸，出与牛斗。以剑刺牛脑，直贯牛心，牛乃吐血倒地。每斗一牛，马之被触死者必三四匹，此中残忍，所不忍观，而国人多好之，殆习俗使然欤！闻国王欲申禁令，举国若狂，竟不能行。

斗牛盛行

斗牛之法

每岁西历二月，戏园举行跳舞会。上自爵绅命妇，下逮硕士名姝无不麕至。入门购票，女需银一元有半，男需银三元。不习跳舞者，另赁一房，价值十元。跳舞之际，男女各自择偶，乐作则作，乐止则止，进退疾徐、曲折盘旋，皆以乐音之宛转抑扬为节。女子入场，多戴面具，变娇婉之音为雄壮，即素所相识者，亦并不知彼为何人。若

跳舞会

女子入场多戴面具

有识破其庐山真面目者，则彼必来前，嘲笑杂生，诙谐间作。斯时也，耳鬓相磨，履舄交错，堕珥遗簪，捺胸捉腕，并所不禁。逮晓星荧荧，乃始散去，诚所谓极乐世界也。别有戏园曰哥卑的牙，自申至戌，凡舞勺之童，未笄之女，皆可入而学习焉。

自二十四至二十七，凡四日，为嘉那华会。每日午后，群赴嘉冶革士街，驰车游览。是街长亘数里，两旁观者如堵墙，大小马车，往来如织，不下千辆。领有官票者，得驰中道。领票之费，四日需银百元，少亦需五十元。无票者，车行两旁。车多行缓，从午至暮，亦不过往返数次而已。于时，士女盈衢，悉戴面具，亦有男作女妆者，扑朔迷离，雌雄莫辨，拱立车旁，任其嬉戏，即逢君主君后之车，亦无所避，主后亦并优容以答之，笑谈无忌，普庆胪欢，此亦古者与民同乐之遗意也。 嘉那华会狂欢节

此外，有贫民洗足会，君主、君后亲临焉。君与贫男洗，后与贫妇洗，洗毕赐宴，异常优渥，亦畀金钱，以示宠异。其入会受洗之男妇，皆年臻耄耋者也。届期前后三日，自君主以逮军民咸步行，不得乘车。西俗如此，由来久矣。 贫民洗足会

通国分四十八省，各省方言皆可相通，所异者，三省而已：一曰甲答兰省；一曰珊士钵可颠省；一曰安得鲁西亚省，此三省土音，迥尔各别。

通国中分为四党：一曰君党，为之首者，有二人焉：为嘉那华、为沙嘉士答；一曰民党，推为领袖者亦二人： 国分四党

为韩先知、为嘉士德拉。八年以往，国人驱前王后出境，群议欲立嘉士德拉为总统，盖其才辩锋利、学问渊博，深足以服人也。或曰，后日之为宰相者，必在此四人中，因此四人为民望之所归，舆情之所洽，国人必公举之也。日国之例，宰相及各部尚书三年一易，亦有一二年即更者。相臣致仕、退位，则以下各部尚书亦并辞职去，由上下议院各绅公举，虽君主不能独操其柄也。尚书共分八部：曰户部、曰吏部、曰外部、曰兵部、曰刑部、曰工部、曰藩部、曰海部。凡得公举为各部尚书及出外使臣者，必其人曾三任议院绅士，或为正副首领，或作议员，方可充当。

遴选使才尤为慎重

西国遴选使才尤为慎重，必家资殷实、兼通数国方言者，方应皇华之选。盖出外使臣，贵乎能支持大局，通达时务，联络情谊，以固邦交，非若寒畯者流，徒知节省，致损国体，而至见轻于友邦耳。国中爵绅有三等：公、侯、伯是也，而其中又有世爵、功爵、捐爵之分。公爵最贵，纳赀所不能得。侯爵、伯爵均可捐。侯爵捐款二千五百元，伯不过二千元，然亦仅有虚衔，多为国人所轻，国有大事，不得预焉。世爵、功爵，每遇朝贺必至。于时，君主升殿坐右，君后坐左，君姊妹以次坐殿旁，爵绅命妇立于后，此朝仪之大概也。

无论贵贱必取小名

国人无论富贵贫贱，必取小名，多以天主教中古圣贤名字名之，故君主、君后，多有与庶民同名者，无所避也。每遇古圣贤诞日与己同名者，亦得祝釐称觞，名曰贺三多，馈献礼物，络绎不绝。

君主、君后出行，一车两马，但稍高大，二从骑前行为导而已，礼仪之简如此。每逢礼拜六日酉初，必临会堂诵经，既毕，必诣花园驰骋为乐。是日从骑数十员，颇烜赫于异时。君主乘车出游，贫民在道旁脱帽致敬，君主亦必答之以礼，不恃贵以贱民，有古遗风焉。

出使联络略述

《记》有之曰："礼从宜，祀从俗。"又曰："入境而问禁，入国而问俗。"欧、美两洲风俗与中土迥异，既已出使他邦，不能不从俗周旋。

款待公使无论大小视同一例

泰西之例，款待公使，无论国之大小，视同一例，无区畛域，无分轻重焉。如南美洲之郭郎弥亚国、亚亨定国，均蕞尔弹丸也。而此两国公使，每值礼拜，举行茶会，日国之部院官绅、列国之公使，无不咸赴，两国藉此以厚情谊、通往来、敦交际。盖联络一道，出洋所断不可少者也。以西班牙论之，国分四党，而四党中均有酋目以主厥事。平日无事之时，可与之往来酬酢、晋接晤谈，则他日遇事，易于商办，不致龃龉。盖民间公举宰相，总不出此四党酋目之中。军国大事虽由上下议院会议，而相臣之得其权者实半焉。议绅多属相臣同党，同一事也，出自联络官绅者所请，自与寻常有别。有时，相臣以为可行，则议绅必不至多方驳诘也；议绅以为可行，相臣或不至独断以为否也。何则？平日情谊之所浃洽也。即如美都院绅中，有毕君、摩君者，前日屡议禁止华佣者也。自与钧交，相处渐久，然后两君皆知禁止华佣之非是。又如西班牙爵绅中有数人与钧交好尤密，常以古巴、吕宋两埠颁行华人凭照为苛政；上海各处出售吕宋赌票有干例禁，此两事皆可由使署大臣照会外部，会议于上下议院，无不准

使臣联络断不可少

行。足见既与交际，其为我代筹国事者，无不持平而适当也。惟联络一道，用费似为浩繁，别国公使有竟入报销册中者，或亦有公使家赀殷富，自行解囊者。至中国遣使出洋总署，于薪俸杂项之外，从未议及此款，窃以为嗣后要宜于此加之意焉。盖出使人员，持节远至数万里外，岁糜国家帑金巨万，旅居人国，孤寂无聊，所闻异方之乐，所见绝域之人，苟非以礼文为之羁縻，情意为之维系，深交缔好，道密迹亲，又安能使之尽情倾吐于我哉？诚能与之联络，其隐为我国家裨益者，夫岂浅鲜！故窃愿今之为出使人员者，毋急私以废公，毋居安以忘危，毋习近而昧远，收联络之效于海外，是则我之所望者也。

联络一道用费浩繁出洋总署宜于加意

钧驻日都，每举一茶会，辄费千金。当事者即捐俸资为佽助，亦难为继。然竟谢交游、绝酬应，亦无不可，一遇公事，不无掣肘，而国人多以鄙吝目之，虽有使署，亦若无耳。顾酬应亦有省费之一法：日俗春冬二季，自十一月至二月，每值礼拜，爵绅举行茶会，由申至戌初，仅设茶点果实，客来多者需二十金，少者或十金，月凡四举。使署亦可仿此而行。茶叶、磁器购自中土，并可以此为赠遗。西人情性，多近豪爽，尤易相处。若以龌龊、卑鄙、悭吝、酸腐者处其间，必至格不相入也。钧承日国官绅所不弃，慰问献酬，殆无虚日，从容叙论之际，必为之言孝悌忠信、兼述一切因果。西人但知俯育而不知仰事，闻言无不跃然而起，生欢喜敬谨心，时称道之，以训其子弟。由此观之，圣道之行于欧洲，固易易也，而亦自酬应中来。酬应固可废乎哉！

酬应省费之法

各国风俗略述

泰西列国风土民情与我国上古之时微有同者，惟三纲五伦似与中华略异耳。中华尊君而卑臣，贵阳而抑阴，敬老而慈幼；西国则君民共治也，男女并嗣也，尚少壮而轻耄耋。其子既有室家，则与父母分居各爨，惟值礼拜则子媳食于翁姑家，一餐即去。平居彼此虽有往来，宛同宾客，所谓问安、侍膳者无有也，所谓定省温靖者无有也。西人谓子已娶媳，同居日久，姑媳必不相安，妯娌必不相睦。子知大义，必致夫妻反目，若子听妇言，必至忤逆。远之者，所以杜渐防微也。

西国君民共治
男女并嗣

婚姻财产

儿女婚嫁，十五岁以前，父母主之。十六岁以后，任其自择，惟门第资财亦必相当乃始可行。巨富之家，男女皆得同分产业。长子得赀由一倍至数倍者均有之，弟妹毋得争竞焉。大抵分析财产，多由父生时预定，将数目详书于纸，延律师签名其后，缄封固密，藏于律师处，虽子女不及知也。父死，始由律师启示，或多或寡，儿女谨受之，无异辞。此风美国亦如是。

议院公议

凡吏治之善否，国政之利弊，荐举人才，榷收税饷以及会盟、聘问、征伐、和战之事，皆于上下议院集众公议。

实用而利民之机器独擅其利

论学，则重艺术而轻文章，尚制造而禁仿效。若有独出心裁，制成机器，可裨实用而利民生而制敌命者，许其禀明国家，畀以限期，独擅其利，他人毋得仿造焉，违则有罚，用示鼓励。故泰西新奇各器日增月盛而岁不同，心思材力蒸蒸益上，由上之人能鼓舞之也。

国中首重者曰商，其次曰官，又其次曰士，重利而轻名。各国所自有之利权，别国不能相争。各国鼓铸金、银、铜三品之钱，但能通行于国中，而不能畅流于境外。英、法相距至近，英钱不能行于法，法钱不能行于英，如欲行用，则需贴费。民间创立公司，如轮船、铁路，凡有利于公者，苟或费用不足，则发帑金以助之，民事与国事所以能联络一致也。各国都会所建大戏园，以壮观瞻，国家非但不禁，或有亏折，国家恒发帑项，以示津贴。

重利轻名

欧洲各国，每见华人，甚加优待，日、英两国尤为渥挚。凡行衢路，巡丁见之必脱帽作礼，既恭且敬，或有儿童随后嬉笑者，必驱之使去，戒之曰：毋侮远人，以取咎戾。有时问以程途，必详加指点。法国近日待华人远不如前。美国上位之人待华人颇厚，惟埃利士人则嫉华人如寇仇，辄加凌辱肆侮，虽美官亦无如之何，以人众也。嘉、纽两省，其薄华人尤甚。法人通商西贡，割为属地，华人之旅居其地者，受其苛政难以枚举。窃以为航海至东南洋而达苏彝士以诣西土者，所有土人无不藐视华人，幸与欧洲人偕，彼不至肆其残忍，否则劫夺虏杀，恐无所不至耳。若使我朝兵舰时至外洋，以彰国威而溥皇灵，俾其陆詟水惕，亦岂至于是哉。

法国近日待华人远不如前

土人无不藐视华人

日都小驻纪略

光绪八年三月十有七日，钧随使节抵日都，常患咯血疾。日都地高燥，宜服凉剂，行箧中所携无多，故治之鲜能奏效。五月二日，使宪拟留余为驻日参赞，襄办事务，再三固辞，未获后命。使宪谓：将来秘鲁等处开办需员，皆宜用日国语言文字。子齿牙灵敏，留此兼可学习。其加意调摄，勿复辞。并赐参燕。

驻日参赞兼学语言

初六日，叩送使宪行旌，即延西士哥君教习日文。赋闲之日，则偕同人出外眺览，或游园，或观剧，流连景光，聊以自遣。馀日，杜门不出，朝夕皆有课程，古人所谓藏修游息，不可偏废也。同人以钧专心致志于西文，叹为仅见。自悔十年奔走宦途，听鼓应官，未遑西学，今虽感激思奋，恐已晚矣。

游玩之馀专心西学

六、七两月，咯血甚剧，然力疾从公，不稍间断。久之，渐得端倪，略有心得。案头所揣摩者，仅华英字典而已，欲求日华对语，终不可得。日都能识英文者殊鲜，延访经年，始得美国教师，但必往学而不肯来教，乃订以一礼拜中，到馆三日，日习一点钟。同学友人招往小宴。其父，爵绅安君也，相待之殷不啻家人父子。席间备言日国风俗，谓："驻扎日都者二十馀国，常设茶会与部院官绅往来，何以贵国独否"？钧答以："素抱采薪，杜门罕出，兼习日文，未遑他及。同事者以不稔方言，惮于酬应。”安君曰：“两国交际，其益甚大。子既习日文，宜时与日人周旋，其功倍速，盍常过我？”自此，时赴宴会。院绅沙君拟出外省避暑，招钧同行，谓其地气候温和，水土清嘉，尤宜于病体，且可代觅良医。钧欣然从之。

六月二十八日，偕沙君束装就道。二十九日抵辉儿士城。城北十里许，群山环碧，众峰峙青，林木蔽亏，严壑秀美。沙君大厦在山中，园林开广，泉石清幽，群花若锦，芳草如茵，盖特建以为避暑山庄者也。沙君祖居辉城，乃兄，公爵也。次日，代钧延医诊治。钧至此几若别有一世界，顿觉心旷神怡。调养匝月，病体霍然。山中左近，夏屋蝉联，巍楼栉比，皆各爵绅消夏所居。知钧来，咸相过从，甚投契焉。 避暑山庄病体霍然

七月二十日，侯爵郭君谓予曰：“巴省、答省距此伊迩，设有制造局，讲求新法，何不偕往一游？”钧从之。遂与郭君往巴、答两省，入各局纵览一切，洵大观也。其法略同各国，惟织造丝绸、洋布，巧妙罕匹，令人眼界一新，为前此所未睹。

二十五日回辉城，闻日都气候尚炎热，遂再作十日之勾留。八月四日，钧先回署，后数日，日国部院官绅、各国公使人员，渐由外埠回都。于是，各处茶会、宴集，多来邀钧。每见聚会之处，各国公使、参赞人员皆预焉，始知安君所言不谬。以前绝少出外酬应，故于风土人情，未得预闻。今既得追陪诸君子后时相往来，于交接之道，联

络之方，略知梗概。

分设茶会遍邀各国公使获赞

九月间，侯爵亚君、科君与钧言："闻贵署陈设，皆中华器具，甚欲一观，以扩眼界，可否？定期代邀诸君来，何如？"钧曰："幸甚。既蒙诸君亲举玉趾，辱临敝署，丕锡宠光，敢不如命？"以使署狭小，一次不能遍及，乃定期九月初六、十二两日，分设茶会，部院官绅，英、美、土各国公使，咸携眷属莅止，一时冠裳之盛、簪笏之华，跄济趋承，情文渥挚。由是，日都新报，议论纷然，奖饰逾恒，咸谓中国使署较之往日，奚啻天渊。茶会之设，各国使署皆来而中国独否，今则凡有聚会、宴集之处，中国使署人员亦与焉。且特设茶会两次，到者无不赞美称羡，盖慷慨豪爽，蔼然可亲，固有足多者。以后，茶会日增，折简来邀者日三四，不能不至，因此劳顿，血症复作。公爵德端君来言曰："敝国官绅与英、德、奥、意、美诸国公使人员尤为欢睦。今都中人士，交口誉君，如出一词，甚难得也。昨夕茶会，未见贲临，殊孤人望。知君清恙，故来省视。十月以来，举行茶会尤众，风俗使然，以此为尚，苟可支持，不可不至。"钧思病既加剧，医无成效，酬应日广，费用浩繁，势必难乎为继。再四思维，惟有呈请使宪，或调回美国，或乞假旋华，以资调理。

应酬增多血症复发

中法事将决裂

十一月初，犹未奉回批，且闻中法事将决裂，粤垣海防严迫，家书屡至，焦灼万分。适朱莒原太守有法京巴黎之行，所识一医颇精岐黄术，相约同往，既至，则医已浮槎至中土矣。同寅李湘甫参使留钧暂住法京，藉以养疴。十二月，奉使宪扎谕准销差回华，乃诣霍辉司敦上谒曾袭侯叩辞，顺往伦敦使署辞别同人。陈松生都转、凤葵九比部款留三日，藉罄离悰。既回日署，感受风寒，痰涌气喘，呻吟床褥，有荐德国名医者治之始愈。部院官绅闻钧旋华有日，皆来问视，再四挽留。

正月下旬，得驻法参使刘康侯观察来书，以与联子振比部请假言旋，定期二月五日自马赛登轮。钧随即检点行装，拜辞诸友。二十七日，接日国公爵活兰鲁芽来柬，请赴廿九日嘉那华茶会。活君，前充驻法头等公使者也。钧以病辞不获，谓“此会三十年一举行，为日都第一胜会，君主、君后以及部院官绅、各国公使人员无不咸集，并穿公服，以肃仪文。君虽疾，不可不至”。二十九日，伯爵勒君到访，述伯爵白兰嘉意，请赴茶会。钧谓昨已辞之矣。勒君曰：“辞白君而赴活君之招，未免有轻重亲疏之见存焉。”钧无以解，遂与勒君偕往。亥初，登白君堂，宾客来集者纷如，盖白君、活君同日宴客，多有先赴此而后至彼者。白君与其夫人见钧，殷勤问讯，请观跳舞。钧见其趋跄中节，缓急合度，周旋俯仰之间，咸有程式，与欧美两洲所见迥尔不同。询之，盖百年前古法也。所奏之乐，亦皆古音，顿令耳目一新，叹为观止。

子初，辞主人往活君府第，沿途绣幰雕軿，坌塞衢路。及门，电灯辉耀，五彩缤纷，光怪陆离，骇心眩目，异卉奇花，芬芳外溢。入门，活君偕夫人立屏外，执手为礼。略叙寒暄，活君曰："今日之会，所见皆今古衣履，真可一扩眼界耳。"屏内爵绅、命妇俱立两旁，男女所着衣冠履舄，有千馀年以前者，有数百年以前者，愈古愈佳，亦有杂出中华冠服者，五大洲中男女服饰，奇制异妆，无一不备。至于华丽贵重甲于泰西者，则有侯爵拉夫人之衣，以钻石结成，其值三十五万元；侯爵满夫人之衣，以珍珠攒簇，其值二十四万元，光华璀璨，照耀满室，中国之所谓霓裳羽衣，恐未足语此也。丑初，君主、君后姊妹咸临，各皆鞠躬前迓。主、后即入跳舞厅随众跳舞，钧旁立静观。既毕，次第与爵绅言，见钧，即问安好，且言："闻之诸臣，尔交游慷慨，甚为国中人士所钦羡。尔好谈孝悌忠信之道，因果报应之说，果有之乎?"钧敬对曰："此中国风俗使然。平日父师之教子弟，以此为本。屡承爵绅下询，遂为之道及耳。"侯爵拉夫人旁答曰："中国爱老怜贫，孝亲敬长，殊可令人叹羡，此欧洲之所不及也。惟婚配主自父母，似稍逊耳。"君主曰："中国尚伦常、重亲命，婚配之事由乎父母，理固宜然也。"因询钧曰："闻汝将返国，信否？盍少留为敝国光，俾得时闻绪论。"钧对曰："病躯不敢恋栈，不得不返。"主曰："重来何日？良所深盼。"钧曰："得藉宠灵，药石奏效，自当遄返。"因问何日启程，答以即日就道。君主、君后随出手相握曰："惟愿一路平安，风顺澜靖。"钧当即鞠躬致谢。君主、君后待人优渥如此，可谓贤矣。诸爵绅咸欲设筵祖饯，钧皆力辞。丑杪回署，偃卧竟日。

男女服饰奇制异妆

君主君后随众跳舞

宾主论及中国礼俗

二月朔日晨，折简来招者十有九人，悉辞不赴。往别诸友，皆有依依不忍之色。沙、穆两君家数龄之儿女知钧将行，哭泣弗止，盖沙、穆两君之待余，固不啻家人父子也。署中朱太守、郑二尹，特敞离筵，劝以别酒，略罄一樽，即唱骊歌。自念驻日将逾两载，中间酬应官绅，追随宾客，应对周旋，幸无陨越，虽不足酬圣恩高厚于万一，而碌碌因人成事之嘲，或可免矣夫。

自日旋华节略

离日返华友人相送

光绪十年，岁次甲申。二月初一日未正，自使署启程，逮至车房，爵绅满、沙、穆三君咸携眷属来送行。所购上等车票，有床可睡，行李已为安顿。车将展轮，诸友纷然执别，或有抱腰接吻以致渥爱者，沿途一切，已托友为照拂。钟声既响，车行由缓而渐速，回视诸君，尚鹄立车房以手相招也。钧斯时心绪如焚，病体加剧，竟难安坐，偃卧终日而已。戌初，至勒莱洒地方停车，客皆下车授餐。余病莫能兴，同行友长君令寓馆送餐来，实难下咽。戌正，车复行。初二日午正，抵巴士郎拿，萨君昆仲、西友十馀人皆立俟车前，则以昨夕接沙君电音也。萨君邀至其寓，已招其儿女从书馆回，与钧作别。未正，萨君太夫人及姊妹子侄咸来，一见，即谓钧容瘦于往时，立延医至，令加诊视，既服药饵，心痛略止。巴督嘉君邀宴，辞之。萨太夫人时来问疾，欲留钧作十日勾留，钧答以明日就道，准抵马赛，已约友人在彼同行矣。萨太夫人以既欲速行，宜早安息。是夕，耿不成寐。

巴士郎拿（巴塞罗那）

昧爽，诸友群至，挽留再四，情意殷拳。下午，与诸友言别，不觉涕泗垂膺。萨君儿女，攀襟揽袖，号咷出声。未杪，登车。萨君昆仲，相抱痛哭，钧亦挥泪不止。黯然销魂，惟别而已，江文通所谓伤心动魄者，不意于钧身亲见之，且在乎异域中也，岂以万里羁人，孑身逆旅而

诸友群至挥泪告别

得二三亲爱之人，遂不觉其情之感人者深欤！于时，巴省提督与塞君母女偕来送行。塞君之父，日国巨绅也。前日巴省议政院由其倡修，规模宏远，又创设煤气公司，建筑铁路。今虽逝世，而遗爱在民，日人思之弗置。塞母年将古稀而精神焕发，曾偕其女，遍游欧、美两洲，经历数十国。女善抚琴，名著于泰西远近。操弦一曲，听者神移。前于宴会之时，曾得瞻其颜色。塞母欣然有游中土之思，谓五大洲已历其四，中华为名胜之区，足迹不可不至。谓钧明年春以为期，可图良晤。巾帼之俦，犹自忘年迈而有志远游如此，泰西风俗可知已。塞君以印度毡一袭持赠，借以御寒，甚可感也。钧以名刺百枚畀萨君，谓此行殊匆促，日都诸友，未及握手言别，请以此遍辞之并道歉仄。晤谈既久，钟声琅然，遂行。

塞君母女遍游欧美拟游中国

戌正，抵塞活约，乃法国交界换车之地。斯时风雨交作，又无人代携行李，钧以病后孱躯，左提右挈，下车行未十数武，晕仆于地，刻许始醒，见西人环集身旁。三西人挟钧起，代携行李，至法界车房，钧尚不能言，惟偃卧而已。亥正，有西人将钧行李置于车中，扶钧登车，旋即展轮。

病躯换车无人帮护

初四日辰正，抵马赛，住格郎德寓舍。至寓，见一箱已开，异之。启视检点，则失金钱九十磅并银票、贵重物。遂告寓主，同往轮车公司理论。公司遣人到验，实系被窃，当代追缉。随以此事电达巴士郎萨君及日署朱太守。子正，刘观察自巴黎来，告以故，观察亦甚骇异。与

车抵马赛行李失窃

筹措船资

筹船费，一时无以措置。钧至此愈形焦灼。寓主劝以下次启行，钧持不可。寓主曰："君如决意欲行，余当代垫船费，后由日都使署寄还。"钧曰："承雅意，感甚。请先同往与轮船公司商，如公司许至中国付交，幸甚。不然，当如君说。"及告之公司，总办曰："本无是例，然为君故，特为破格。曩在日都，雅闻君名，辄相心许。缓急人所时有，况属远人乎。"即令司事写票。回寓，刘观察已登轮矣。寓值十三元，无以给。方踌躇间，欢君来，盖萨君之表昆弟行也。接电音后，特遣之至，令邀钧回巴士郎。钧以船票示之，即欲登程。欢君知不可留，乃代畀寓值。匆匆携行李至船，已将解缆矣。欢君即于岸上作别。杪许，船即展轮，稍迟则不及矣。出外之难如此，令人倍忆西友之情重也。刘观察曰："我意君不能来矣。"因告以公司破例给票事，亦亟称难得。同行又有王司马，乃赴荷兰赛会旋华者也。两日力疾支持，益形困乏，至此一心既定，万事皆空，高枕作羲皇上人而已。

出外之难 倍忆友情

巳正二刻，开行。出口行地中海，虽非大洋而有时风浪较外洋尤甚。初五、初六两日，风息浪平，舟行殊稳。初六晚子正，抵拿波里城，意大里之属也。由马赛至此一千七百里，计行十八时有半。初七清晨，钧稍能起立，散步舱面，以豁襟抱。意人俱以零星玩物求售，排列几满，见客即拉襟讲价。又有携乐器前来唱曲者，无非冀牟微利。泰西谋生之难，亦复如此。至午初起碇，乃始散去。拿波里城，周遭甚宽广，屋宇参差高下，鳞次栉比，直达

意大里今作意大利

拉襟讲价 携乐唱曲

山巅，亦颇辉煌壮丽。此处土产佳果，海中多珊瑚，贸易殊盛。东南有火山，遥望之，黑烟蓬勃自山顶起，惜以抱病，未能登陆一观也。

自拿波里展轮行，舟折而南，十三点钟，至西理芝海港。当苏彝士河未开之先，驿递文报之船悉于此停轮焉，今则改泊拿波里矣。由此向西南行，天气渐暖。初八、初九两日，风紧浪高，不能饮食，因思曩由东洋至美洲，风浪猛烈而未若今之艰辛，岂以久病之后，体质弱欤？初十日，风浪稍平，舟行尚稳。十一日辰正三刻。舟抵宝赛，此为地中海尽处苏彝士河之北口也。前皆一片沙漠，弥望荒芜，属埃及所辖。河口塔灯高矗，藉照行船。是处与拿城相距四千一百八十里，计行四昼夜。船泊宝赛，刘观察、王司马邀钧登岸游览。小艇每人畀以小银钱一枚，不交艇户，而在岸有专收之人。步行衢路间，阛阓景象仿佛天津之紫竹林，所贸易往来者，多回教及阿非利加洲人，发卷面黑，形容丑恶。埃及妇女，肌肤渐作黄色，多用黑布障面，仅露两目灼灼视人，状若鬼魅，殊可骇诧。《礼记》之所谓妇女出必障面者，其古风殆若是欤？今泰西俱以轻纱，甚合宜也。街中时有殴詈争竞者，风气亦与紫竹林相近。每街俱设加非馆，同人小饮。馆中有乐工一班，男女合奏，音韵激扬。每奏一巡，持铜盘以索犒，多投以小银钱。钱收，则乐复作矣。继往游花园，乃埃及国人不日所成。于时开凿新河大功告竣，埃及王将亲临以观焉，国人乃以驴五千头，驼运土石、花木，数日蒇事，即

舟抵宝赛弥望荒芜

埃及妇女黑布障面

以此为王车停跸之所。园虽不大，亦可见国人急公奉上、临事勇决之心也。钧以头岑岑然作痛，不能远行，遽返舟中。传闻北宁已失，心益愤懑。

过运河之情形

申初起碇，展轮入运河。行至酉正停泊，河狭不可行故也。十二日卯正，舟行。巳正，又泊，缘有七船由红海来，须待其过也。泊一时许，复行。酉初抵河之中段，曰亭摩萨，自宝赛至此仅一百三十三里。河西为阿斯巴尼拉城。十三日辰初起碇，午正至苏彝士，计距亭摩萨一百五十里。昔河之未辟也，东西往来者多由亚勒散得登岸，从轮车行抵埃及都城，或小住三日，或径达苏彝士候东来之舟。沿途亦多风景可观，驼驴之载运客货者络绎不绝于道，故廛市颇盛，号称繁庶，今则寥落矣。河口外，有新建屋宇，由河口横连西岸，高阁耸云，层楼焕日。是处设有电报局，凡自欧洲达中国者，由此转递。

入红海

未正一刻鼓轮，舟向南行，入红海。海形狭长，两面皆山。天气四时皆热，隆冬亦絺绤。钧以久病，仍御木棉。遥见口外一船仅露尾樯，口内一船船身皆现，去年遭风搁石，至今犹未设法取起，航海之险，堪为心悸。余询舟人以红海之名，答曰“言之长矣。征诸古史，摩西拯民出埃及，渡海若履平地。法老率众往追，渡海海合，众俱陷没。后人因呼为红海”云。十四日，天晴风顺，测望海面甚宽，两岸茫无山屿，与图中所绘两山如峡者差异，以此见海之汪洋靡际也。十五日，天气甚暖，改服夹衣，餐时，有仆人摇曳风扇矣。十六日，天热益甚，精神

询舟人以红海之名

颇爽，病体稍健。闻明日可抵亚丁，修书八函，将寄日都。申正，有兵船由中国来，泊舟待信，酉初乃复展轮。十七日，遥见山岛缥缈云外，真若齐州九点烟也。未正，出红海入口，即渡大洋，舟向北驶，两岸有山，西南方荒屿一片，乃阿州属地也。

子正，抵亚丁泊舟，距苏彝士四千九百七十里，行四昼夜。是晚，出坐餐厅，见运货舁煤者皆黑人，甚勤力作。有一黑人告余曰，昨埃及与英战，埃兵死者三千人，英兵死者二百人，甚惨也。复登舱面眺望，遇前驻粤之德国领事德拉君。钧询其从何处来，乃知由德至苏彝士，今将赴粤。复见其国新简驻京代办公使比君，能操日国方言，询之知去年尝驻日都，曾经一面者也。日本驻英公使森君，携眷言旋，与其参赞房君亦同此舟。彼此纵谈，丑正始散。十八日辰正，偕刘观察、王司马登岸。其地惟一片荒岛，土脊沙红，寸草不茁。房屋百馀椽，皆黑人所居者也。濒海有酒馆一所，甚宏敞。食物昂贵异常，闻以前数十年不雨，近则数年一雨，故谷蔬不殖，林树弗生，水饮维艰。土人或凿井、或觅山溪之水，缝羊皮为囊盛之而负于背。驼羊甚夥，载物行沙漠中，咸恃其力。气候炎熇，经岁不衣，男女俱以花布围身。其地为英国属土。相距三十六里许，有亚丁城。城有总督、总兵官各一员，以资镇守焉。此为红海之门户，往来印度所必经之地，英人所致意焉。巳正回船，见群儿嬉戏水中，如鱼如凫，客以银钱掷水中，则没而取之。有艇人登舟向客索钱，客或畀

舟抵亚丁

埃及与英战

之，则置钱于顶，由船跃身入海，随将钱握出水面，其技之神如此，真所谓狎波涛而轻性命者欤！

午正起碇，舟向东驶。十九日，天气晴明，波平如镜。南岸相隔十数里，一片荒芜，乃阿洲属地。二十五日

舟抵锡兰阁龙坡（科伦坡）

未初，远见锡兰岛。未正，进口，船泊阁龙坡。此处乃极南海口，英之属地也。自亚丁至此，八千一百十三里，计行七昼夜一时有半。英人建城垣，筑炮台，设兵驻守，居民不多而形势颇雄壮。天时早晚如中土，暮春正午炎热。相传锡兰为释迦牟尼成佛处，佛之遗迹存焉。土人小舟，刳木为之，浪高则溅衣襟，殊不可乘。适有小轮船往来载客，取资甚廉，每人不过小银钱一枚而已，遂乘之登陆。海旁洋楼数十椽，尚属堂皇巨丽，其馀廛市屋宇，率多卑狭，有若中土乡落间。土色淡红，土人肌肤俱黑。男多裸体，仅以尺布围腰下。贸易中人，上着短衣，下围花布。男子或有留发不剃者，两鬓有如妇女。女子多以花布为衣，穿鼻，印度风俗使然也。闻有二粤人居此多年，其一

粤人在此开设烟店

已旋，其一为香山人，娶土人为室家，开设烟店，乃专售鸦片者。来吸者多印度人，或卧地、或据床，情形鄙恶，下流之所居也。因此，虽至，不屑观。遂偕刘观察乘车行约数里许，至一古庙，中供如来、观音。庙宇殊小，入门两旁有四大金刚，入内殿则见如来右手托腮，横卧案上，长约二丈。左廊有罗汉二十四尊，右廊供观音，亦卧像也。佛前均燃琉璃灯，不供香炉、烛台，馀与中土约略相同。观毕，遂出。司祝者请施舍，乃出银钱投小箱中。庙

门外，右廊有小刹焉。司祝启门引入观之，则千手观音跣足乘鹤像也。出庙，往游花园。林树蓊郁，绝少花卉，惟荷池甚宽广，有一小轮船荡漾于中央。园中别有博物院，中有象骸数具，鸟兽草木略为陈设而已，闻新建未久也。继入寓馆，令具晚餐。既毕，散步于寓馆左右，求售牙器玩物者甚夥。亥正回舟。二十六日晨，闻舱面人声喧杂，往观之，乃鬻物者鱼贯而来，亦有儿童戏水索钱。船左有长堤，乃英人所筑，用以障水，所费甚巨。锡兰波浪猛急，奔激岸石，终夜有声，不减广陵八月之涛，舟亦有时为之簸荡。自筑此堤，舟乃不复畏风涛矣。

花园之中设博物院

巳正起碇，舟向东行，晚见北岸有山。二十七八日，风顺，其行甚驶。二十九日，雨。风高浪涌。左有岛曰槟榔屿，英人之属地也，多马来人所居。右有小岛二三，乃属亚齐、荷兰两处界。华人多居处、耕作于其地。遥望之，树木青葱可爱。三月初一日，舟行倍捷，机鸣甚厉。询诸舟人，曰期以明日下午必抵新嘉坡。

初二日，遥见山地一片，林树丛杂，乃马来所居处也。午正，已见新嘉坡岛。申正，入口泊舟。自锡兰至此，计五千七百里，行五昼夜二时。其地为英国属土。酉初，偕刘观察登陆，乘车至领事署访左子兴司马。询以北宁事，均无确音。清谈既久，司马邀往观剧，优人皆粤产。热甚，不能久坐，仍回署中借宿焉。初三日辰正，左司马以马车来，偕游恒心园，陈氏之别墅也，外则洋式，而其中屋宇皆华制，鸟革翚飞，异常焕丽。园主人甚豪

新嘉坡岛访左子兴

陈氏别墅

爽，惜已逝世。没时执绋送葬者不下二万馀人，皆经其提携、蒙恩而受惠者也。今其子亦极慷慨，昔日家资数百万，今则止六七万而已。所有华人约十万，闽人居七，粤人居三。殷实富盛之家，如潮人陈姓、黄姓，闽人余姓，皆拥赀三四百万，席丰履厚，他处所未有也。所产甘蔗、黑白胡椒为大宗。出园游览各处，所见贸易于市廛、负贩于道路者，皆中土人。街衢整洁、房屋华盛，远逊香港，惟多平壤，一望延袤。或有计之者，纵约三十八里，横约七十里。乡间耕植者，亦皆中土人也。风俗习尚仿佛如粤东。天气四时皆热，早晚如中土，夏初正午直若中土三伏。佣工者得单衣一袭，可供一年之用，故喜于此处旅居也。游兴既尽，遂回署，途中所见，夏屋渠渠书大夫第、朝议第者，则陈、黄两家之居宅也。虽远隔数万里之外，旅居百十年之远，而仍复奉正朔、遵服制，不忘官阀之荣，皇灵之震叠不既远矣哉！回署后，左司马出感怀诗见示，缠绵跌宕，情韵斐然。司马既精英文，而汉文又如此超卓，殊令人钦羡无已。午初，司马特设盛筵，悉以华法烹煮，久不尝此味矣，觉食指为之大动，洵快事也。未正，回舟，司马亦偕行远送焉，殊可感也。本拟申正展轮，缘搭客中有至荷属之爪华者，须俟其船之至而后可行焉。酉初船来，客乃过舟。

道路所见皆中土人

酉正，解缆开行。出口，舟指北行。初四日，晴。舟行殊稳。初五日申正，登舵楼而远眺，微见塔灯，乃越南海口也。酉正，进口停泊，以夜间不便驶行，故暂止。初六日辰初复行，巳正抵西贡，进口行一百八十二里。自新嘉坡至此，舟行两昼夜一时有半，计程二千四百廿一里。码头在江之西岸，是处当越南极南海口，属嘉定省。咸丰八年，越人杀害教民，与法起衅构兵。法初欲取顺化，以道路崎岖、山岭险巇，遂舍之而攻嘉定。数年之间，屡遭败衄，不得已愿割六省地与法议和。六省中，西贡最擅形势，法人设总督驻守，而以水师提督兼顾海防焉。我国闽粤商贾贸迁其地者约四万人，居法之各省属埠者约二十三万人。凡自十五岁以上新至者，需纳身税银二元，一年以后，纳银五元，近日又复加增。贸易者领牌分七等，按岁缴之于官：一等牌费二百元；二等一百二十元；三等八十元；四等四十元；五等二十元；六等十二元五；七等七元。领牌贸易之人身税另纳，亦分数等：上等六十三元；二等四十元；三等二十五元；四等十二元，馀照寻常身税。贱至负贩，贫至佣工，仅敷糊口，岁暮亦需完纳，无则监禁，刻酷虐暴至于如此，此欧洲各国之所无，而法人悍然行之而罔顾。呜呼！岂第苛政猛于虎哉！额设驻防法兵三千人，招募土兵六千人。近因东京之役，调往土兵四千、法兵二千。前时税额岁收三百馀万，拨充兵饷犹且不敷，近则岁收饷银一千二百馀万，积有赢馀，解回本国。前时出口之米不过三百万石，近则千馀石，皆运往粤东者。出口米税，每石计抽一角五分，岁收约一百八十万元。承煮鸦片公司，以前不过二十馀万元，近则递增至一百二十五万元。去年欲征房室窗门捐，以东京之役，姑从

法国攻占越南情形

华人纳税情形

法人征税刻酷虐暴

缓议。法人征榷之苛，无微不至如此。

张君开设宏泰昌号

早餐已毕，偕刘观察、王司马往招商局访张沃生观察。张君居西贡三十年，开设宏泰昌字号，专办米石回华，近招商局延其兼办。张君豪迈好客，有八男四女，长嗣中式己卯举人。自建洋房，连甍接栋，悉赁于人，另有洋楼一所，宏敞罕伦、壮丽莫匹，法人赁之作税馆兼鸦片公司。鸦片本归华人承商，其地甚形热闹，有粤人戏园日夕开演。前年，法官以华商承办，饷项愈增，获利必巨，遂自开办，以此渐致冷落。惟堤岸一埠贸易尚盛，相距十三里许，已设火车铁路，以便往来。现又新筑一路达美拖埠，不日即可竣工。气候甚热，每岁夏秋雨、冬春晴，禾谷丰盈。十数年前，米百斤银四角，食物一切皆廉，今则增至十倍。法属地中华人多于土人，咸娶土人为眷属。男女并吸洋烟，以是烟税愈增。洋人贸易者，自午至申暂憩，以避炎熇。

乘车游园

申正二刻，偕张君乘车游园。园有二虎，毛色斑斓，庞然巨物。猴猿禽鸟，俱在铁笼中，驯扰不惊，飞鸣自得。

土人习俗

土人率皆茅屋，男衣不过脐，女衣仅蔽膝，赤足行烈日中，无所畏也。官绅亦徒跣服短后衣，屋宇虽以砖石建筑，而制甚卑，入必低首。喜食槟榔，唇齿皆黑。婚嫁丧葬，略同华礼。亦同中国文字，子弟入塾，训以诗书，教以孝悌，遵循孔孟之教。自法人来，习俗为之一变矣，幼必读洋书，佶曲支离，染濡已久，十年之后，五经六艺之道自此绝矣，不诚可忧哉。游毕，乃回。张君设席相款，情意甚渥。是夕，借宿局中。

翌日回舟，舟子云：向例泊舟一日，今以粮食接济东京，须俟运毕然后动轮。舟中热甚不可耐，仍返招商局。张君具酒备肴作咄嗟筵，钧再三力辞，张君谓“此地主之谊所应尔也。此间有酒楼三所，其烹饪之旨否，不可不一试也”。因询北宁事，则言法人诡秘已甚，胜则铺张，败则讳匿。近日华人居此，深受法人之凌辱，殊可愤恨。午间，新会李沛枉访。沛之乃翁，此间巨商也。李君曾往法京肄习西学三年，客岁始旋西贡，前曾见之于巴黎，今闻我辈来，特邀往小饮耳。以张君早已备宴，未能如约。旋回访李父未值。乘车游各处村落，略观风景。晚餐既毕，同往堤岸观剧，适演三国时事，甲胄冠裳，扮演略同。惟徒跣登场为可异耳。音乐寂寥，惟锣鼓笙笛而已。观毕返舟，热不成寐。

询北宁事法人诡秘

初八日，咯血疾复发，连日劳顿所致。辰初，张、李两君至船送行，各以肉桂一枝相赠，云乃越南之精品也。清谈至巳初始别去。余闲步舵楼，有老者来前，称钧为老公祖，异而询之，乃知为新会陈姓，以钧台与赵氏争，久不决，余为之剖断，案始结，因此识余。兹从金边国回，遂问其国情形。曰：幅员纵横不过二千馀里，与西贡仅隔一海。都城尚在内地，有长江可直达焉。昔年属于暹逻，近为法国所据，视为外府，等诸西贡，虽设国王，仅拥虚位而已。中土人居其地者三十馀万，长子孙、居田园，有历至数代者。今法人亦援西贡例，令纳身税，虐政害民，

金边国之情形

难以尽述。其地所产为鱼盐。每岁春夏之交必发洪水，一、二月间水始退，满地皆鱼，民收而贩之外埠，以敷一年食用。今粤人所食咸鱼，盖多由金边国来者。此外所产则有紫榆黑木。金边陆路可达滇南，法之深谋远虑，于此可见矣。言竟，余亦为欷歔弗置。

抵香港

巳正，解缆向西行，未正，出口，折而东北行。初九日，南方隐隐见山，乃越滇连界处。初十日，风大浪涌，体中不慊，延医诊治。十一日清晨，遇雾停轮。申初，雾气稍开，船复行。戌正一刻抵香港。自西贡至香港，计程三千四百七十里，行三昼夜二时有半。从马赛启程至此，凡三万有八百里。

访王韬而不得一见

钧力疾载涂，所经各处，记载既惭疏略，询访未及周详，所谓问俗、采风、赋诗见志者概阙如也。幸得刘观察同行，得不寂寞，古道热肠，令人感佩无已。舟中无事时，与之议论当世，上下千古，识高见远，洞烛西情，更令人叹不可及已。登岸，往访王广文紫诠，则已于三月初旬回帆歇浦矣，闻将卜筑于莫釐邓尉间，结庐小隐，伏而不出矣。十年老友，万里相睽，而既至其地，仍复不得一见，其为怊怅何如哉！

出洋琐记卷终

奏疏条陈附录

钧自辞日国参赞之职，乞假言旋，甲申四月，乃抵粤垣。行装甫卸，宪檄即来，不敢暇逸，遽赋驰驱。既至金陵，上谒宫保，猥蒙下询洋务，亟赞曰可，遂在铃辕备员承乏。时法事孔棘，正思少竭所知，力图报效。善厚帅方奉命入京，见钧于宫保处，虚怀下询，谬以为能。因乞之于宫保，用备驱策，遂从厚帅至都，俾在神机营务处供奔走；诚异数也。感激思奋，勉效驽骀，不揣梼昧，敬以管见所及，上渎宸聪，求当轴者代为上达。语云：狂夫之言，圣人择焉。聊复汇录一编，藉为葑菲之采，以当刍荛之献云尔。若云出以问世，则我岂敢！ 条陈原由

代呈奏疏

奏为敬陈管见仰祈圣鉴事：窃维用兵之道，知己知彼，百战百胜。不深知彼之所长，则我之所短不见；不深知我之所长，则彼之所短亦不见，必能知战守之要，始能持战守之终，伊古以来，其道不外乎此。

今法人借口谅山之役，一残马尾，再扑基隆，毁我炮台，伤我士卒，破我兵轮，——凌侮极矣！骄悍极矣！薄海臣民，同心共愤，幸我皇太后皇上天威丕振，庙算坚持。理直者气自壮，名正者言自顺，法人虽狡，揆之人心天理，断无能逞之时。外间议论畏法人者，谓其船坚炮利、将猛兵精；欺法人者，谓其财殚力痡、民穷国蹙，一则近于长奸，一则近于轻敌。以臣观之，皆未能识利害之要而持事理之平也。法人船炮之精利，既于马尾之役见之矣；我之水师无人、帑项大绌，当轴诸臣老成谋国，亦既言之屡矣。微臣海外归来，平情细察，窃谓法有内难三，有外难三，有必败之道三；我有得天者二，得地者二，得人者二，有可胜之道六。谨就管见所及，缕析为我皇太后、皇上陈之：

（畏法长奸 欺法轻敌）

（条陈法我胜败之道）

法于近日，虽易民主，而拿破仑、波旁、阿良三朝之党盘踞于国中，时思窃发，复立君主。民心一或不顺，则事变将兴。其内难一。越南北圻之举，法国议院本不愿筹

（法内难三）

款进攻，执政茹桐违众独行，触怒中朝，而既得之地，又无利益。现在兵事不可以岁月计，如多勒本国筹集巨款，恐有哗然散院之时。其内难二。法国之国债八十五兆磅，其国贫矣。然臣历查近年之事，其新河有曰苏彝士者，利益甚溥，顷已售与英人。各处大埠，法商倒欠纷纷。以各国在华之商务计之，法仅四十分之一。列邦教会，向皆仰给于法人者，今已不能接济。是民亦未尝不贫。外强中槁，已可概见。我如稍能持久，即议院允筹兵费，国中亦必不支。其内难三。

法与德，切骨之仇。彼如得志于中，必将乘机报复。德人知之，必不听其猖獗。自法人以来因河三省割归于德，德兵一出，即抵京城，狼顾之势既成，鲸吞之心自沮。其外难一；英法本有夙仇，英畏俄、德之强，勉强修好。近日埃及之事，法人强欲预闻。德相卑士麦播弄其间，英法之交恐难终固，则一线东来之路断矣。其外难二；马达加斯紧逼红海之口，近日不欲受法人之挟制，奋然自立，时以士兵与法战争。又西贡北方，赋税繁苛甲于天下，亦时思蠢动以脱羁绊，特患力尚未能耳。法人骄亢性成，不顾信义，各国皆喜其败、恶其胜，同谋既少，属地思叛，则接济更难。其外难三。 法外难三

千里馈粮，士有饥色。前法王拿破仑第一，威震欧洲，其伐俄，即以无粮而败。今之法，非昔之法矣，而与我相距且五万馀里。船非煤不行，南洋出煤之地至少，粮即可购而煤不能足，则有船与无船同，有兵与无兵同，有 法之必败之道有三

炮与无炮同。所谓必败之道者一也。越南、中国之事，系孤拔一人主持，法使巴德诺近即与之牴牾，谓其贪功轻敌、能发而不能收，本国议员，尤多不合，内外离心，士卒必将解体。所谓必败之道者二也。法素以陆师著名，然去岁越南统将为刘永福所歼，前次攻扑基隆，两次败遁，黔驴之技不过尔尔。我之海口，防守既严，则越南进兵，亦必得手。东京一复，西贡自摇，本国之内乱必生，前敌之军心必散。所谓必败之道者三也。

我之得天者二

我国家厚泽深仁、轻徭薄赋，人民之众、幅员之广，亘古无俦。即近事以观之：天道福善。法人无理取闹，灭越南之国，斩越南之祀，而我兴之。我之得天者一。天道好生。法人屠戮越民、华民不可数计，而我中国，法商、教民尚加保护，其仁暴判若天渊。我之得天者二。

我之得地者二

云南出兵，抚东京之顶，广西出兵，扼东京之吭，形势使然，取之较易。我之得地者一。中国海口虽多，皆有险阻，彼若深入，必然自取败亡，主客劳逸之形千秋不改，亦万国所同。我之得地者二。

我之得人者二

广东之民，素与西人相习，然近来香港法欲修船，则工人尽散；法欲运货，则舟子皆逃，沿海愚民皆知敌忾。粤之民犹且如此，他省可知。愚民如此，良民可知。我之得人者一。西洋各国向为法人所惑，近亦知曲直有在。商务败坏，繄法之由，雇引水而不应，盼接济而已稀，又皆感我覆育之恩，服我分别办理之善，久将与我同仇一志，保卫商民。我之得人者二。

中国古昔，如秦苻坚、完颜亮之属，皆以劳师涉远、穷民黩武而亡。法之拿破仑第一、第三，即其人也。美国初兴，百物未备，华盛顿坚忍百战，卒以挫英而自立。法之强不如英，而我之御胜于美，静以制动，其计自穷。可胜之道一矣。方今宸衷独断于上，王大臣襄赞于下，保全国体，实俯顺民情，宿将谋臣，联翩并起，兵不怯战，将亦能军。台湾自有刘铭传，遂能以寡击众，即其明验。可胜之道二矣。洋将戈登每谓生平喜用中国人，能耐劳苦，愈战愈勇。法人平素骄逸，亟肄以疲之，劳苦太久，必生疾病。可胜之道三矣。中国人材，愈用愈出，断无乏才之虑。兵事稍久，海疆一带即有名将出焉。彼之师日老，我之气日壮，彼之兵日少而我之众日增。可胜之道四矣。此时即有接济法船者，奸民贪利、乘人所不及觉耳。久则恐怨敌日深而彼之利源日绌、我之禁止益严，此等奸民即可攻其不备，转为我用。可胜之道五矣。炮渐放而渐准，台愈筑而愈坚，自守日臻严备。洋船每值数十万，凡诸兵勇，孰不垂涎。始则击之于岸边，继即可要之于海外。可胜之道六矣。

我之可胜之道有六

持彼已以相较，知法人虽悍，断无能为。中国虽孱，确有可恃。我皇上广开言路，壅蔽全除，此时大小臣工，必皆能殚竭忠诚，力操胜算。微臣不敢故为高论，称说古今，仅就阅历所得，平心察之，似觉胜负之机，实有把握。惟望圣明坚持定见，小胜弗计，小败弗计，以彰天讨，以竟全功，张国威而摧狂寇，天下幸甚，万世幸甚。

中国虽孱确有可恃

管蠡之见，是否有当，伏乞皇太后、皇上圣鉴训示。谨奏。

再，法人素性高傲，此刻亦成骑虎之势，欲罢不能，在我有全胜之机，在彼有速亡之道。第兵凶战危，圣人所慎，海防太久，我亦难支。于此而欲计出万全，当于备战之中隐寓许和之意。法攻台湾不得，则将转而攻琼州、旅顺诸处，以图一逞其私，彼固劳而我亦不能逸。微臣之意防务既不可撤，强敌亦不可欺，宜请旨密派一威望素著之臣，以熟悉洋务及各国语言文字者为之副，随同参赞、翻译二三员，游历各国，将此次法人所以不顾和好、蚕食越南及与中国开衅之故，我皇上俯念邻好、屡次退让而彼罔识信义、怙恶不悛一切情形，载之国书，请各国评断曲直，或和或战，付之公论。各国素恶法人，又思保全商务，复念我皇上如天之度、敦信明义之心，必将各派使臣，为之调处。查当年英美之战、俄土之战，皆经各国以兵胁和、公断是非，其事遂息。德法之战，法王已降于德，法京亦为德兵所围，而其臣踢矮士游历各邦，英俄为之议和，即其明效。现在各国因听法报一面之词，颇以中国为无理。如有此举，则我师得胜之后，可以向索兵费，一便也；即胜负不测，我师失利，各国可以出而胁和，二便也；或胜败久未能决，各国亦可为之调处，免致劳民伤财，三便也。臣度此时，总署当已有示战照会与彼，然照会之词不足以昭慎重，特发使臣，亲至其国，则其君主不能置之度外矣。

于备战中寓许和意

简派使臣其便有三

微臣前历各国，知其政府时有顾全邻好之心。我中国如此办理，益觉仁至义尽。将来和战之机操之自我，法人虽狡悍，见众怒难犯，当无不知难而退也。抑臣更有请者，各国使臣所带随员一切似乎太多，徒耗经费，无益于事。宜令确定员数，节省此项经费，仿各国之例，常派水师兵船游历各处，一则易通外国之气，一则可练水师之才，中国去外洋之商民，亦易保护，所谓一举而备数善者也。是否有当，伏乞皇太后、皇上圣鉴。谨奏。

和战之机操之自我

常派兵船游历各处一举数善

敬陈管见四条

为敬陈管见以备采择事：当今要务，不过四端：曰富国、强兵、治中、驭外而已。

请言富国之目：

富国之目 一曰开矿

一曰开煤铁五金之矿，以供沿海各直省船厂、炮局、机器所鼓铸之用。近日所设开矿公司，各省皆有，而俱未能收实效、著近功。甚者反以此为利薮：或供其中饱；或任用私人；或并无眉目，先以甘言夸语耸惑人听。所有总办，既未得人：或仅挂空名，从未亲临其境；或以矿项所需移置别事，便其私图。种种弊端，难以枚举。今谨请一扫而空之，悉归官办，专其责成。有侵渔、偷漏、疲软、贪黩、欺罔、蒙蔽者，悉予重惩，法无幸赦。则人人自奋而其效可睹、其用自无不足矣。

开辟地利

一曰开辟地利。自发、捻、回、苗扰乱以来，可耕之地弃为荒土。即有归乡播种者，苦于人丁稀少，其力有限。或招客民，虑其滋事。地方官率不以民事经心，徒知催科聚敛而已。五日京兆，孰肯为民代筹？惟有听其旷废而已。今闽、粤之民，贫而无所归者，多转徙于东南洋各处，外人贩之如豕畜，役之如犬马。何不中国自设开垦公司，招集流亡、妥为安置，使之各有其身家、各安其田里，有事为勇，无事为农，此亦古者寓兵于农之意也，而地利自无不尽矣。

一曰鼓铸钱文。自与泰西通商，洋钱流行于通国，民间咸以为甚便。我国何不仿其制而为之？金、银、铜三品，皆可铸钱，俾民间一律行使，有作伪者，立杀毋赦，则国用自无不足。此当与矿政相辅而行者也。 鼓铸钱文

一曰创设官号银肆，以通有无，以济缓急，广行钞币，以收利权。其出入必一，准诸公，毋虚诈，毋阻滞，有一于此，立予重惩。苟有舞弊，立必寘诸极典。 一曰创设官号银肆

请言强兵之目：

一曰精造铁舰、广制轮船。中国历来但有水师而无海军，今欲与泰西比长絜短，则必另立海军为先，而海军之所恃者，在铁甲战舰、火轮兵船。二者当自制造，务求其精。沿海各直省悉设船厂，壹意讲求。当先制小者，务在众多，可行之于内河。其大者姑且从缓。盖小者经费既廉，驾驶亦易。船既众多则足供调遣，其遇敌船也可环攻而迭击，以便易于奏功。待我军习用小船既精，则更制大者，然后乃与敌纵击于大洋之中。 强兵之目 精造铁舰 广制轮船

一曰驾驶海舶。有铁舰、有兵轮而无驾驶之人，则与无船同，是藉寇兵而赍盗粮也。当于沿海各直省设立水师学堂、兵政衙门。陆兵、水师，其技艺本无区别，然于枪队、炮队之外，尤必专重驾驶之人。此其人必深明风云沙线，练习波涛，虽涉历大洋而不慑。今闽粤浙沿海渔船，其舵工、水手，率可选用，优其工值，厚其赏赉，有出类拔萃能著功效者，则擢升员弁，以奖其能。所设水师学堂，专收年壮力健之人，使之肄习航海之术，或能于风涛 驾驶海舶 尤必专重驾驶之人

颠簸之中施放枪炮，无不命中及远，或操舵具有把握，能力争上风以取胜。若此者，咸所录用，务极精能，且于其中选拔奇材异能者以入兵政衙门，每岁甄别考校其技力，授之以职官，拨入海军，各当其材。

施放枪炮

一曰施放枪炮。既以洋法练兵，当有枪队、炮队二军。陆营、水师，皆宜行之。炮以攻远，枪以击近，我一军之耳目系于是而胜负分焉矣。惟水师在船施放，风涛激荡、烟雾迷濛，其难百倍于陆地，非胆智绝伦、勇力出众、从容镇定，何以能取胜于交战之时、大洋之内？故施放之术，不可不练之于平日也。

储人才

一曰储人材。收勇力人材，必预蓄于平日，非可求之于临时。水师学堂、兵政衙门，即所以储材之地也。勿行之以具文，必持之以实意，勿偏徇、勿阿私，勿苛求，有一长一技皆收之于夹袋之中。其始进之时，技艺之成否犹未可知，则必先之以勇力。盖勇力众之所显然共见者也。有勇力以为本根，凡百材艺，皆视其质性之所近而习之，然后其成也乃有可观。

请言治中之目：

治中之目
简督抚

一曰简督抚。沿海各直省、通商各口岸，与洋人交涉者，必以通达洋务者当其任。但能雍容镇静，而非应急通变之才，则为之必多掣肘。诚令督抚得人，则交涉事起，彼自能了之，何必仆仆焉上烦总署、致廑宸聪。且督抚既明洋务，则其下牧令、州守，自无不明乎此矣，何至柔懦者畏事、刚愎者偾事，办理俱不得其平哉！

一曰择牧令。亲民之官，惟牧令而已。而慎选牧令，其权则在督抚。诚使牧令得人，事事为民，以实心而行实政，则下情悉皆上达而上恩无不下逮，何至蠲租免赋俱作虚文、济困赈饥毫无实济？官之自视如传舍，民之视官如路人，甚者且若寇仇。今官视民之疴痒如隔膜，民之视官之有无若赘疣，官民相轻而事乃不可为矣。地方猝有变故，其足恃哉！今若欲得能牧令，是在贤督抚简于牧令之中。有以民事为己事者，则列上考；凡有逢迎结纳、夤缘奔竞者，悉予罢斥，如是而民不治者，未之有也。 择牧令

一曰通民情。通上下之志，达彼此之情，无以贵贱殊，无以远近隔，务令一邑之民如家人父子。民心既得，然后民力可用，可使制梃以挞坚甲利兵矣。 通民情

一曰端士习。士者，所以为民之表率者也。今士于四民之中，几为废人。帖括而外，茫无所知；迂谬拘墟，状殊可笑；虚憍傲戾，情实堪诛。至其品之陋劣卑鄙、庸妄龌龊，为人之所不能为，殆于廉耻尽丧，徒有士之名而无士之实。非上为之悉心训导、加意整顿，从而鼓舞之，又何能端其习尚哉！是在废时文、崇实学。孝悌、忠信、廉节，所以重其诣；经史、诗赋、策论，所以觇其才；刑名、钱谷、天算、舆图、机器、格致，所以考其艺，能分为数科，务求实用，而后士习无不端矣。 端士习

一曰久任使。自近日三途并进，仕路壅阻，当轴者务为调剂，于是有朝履任而夕罢官者，几于席不暇暖。官未识民，民未习官，欲求官民相亲，斯亦难矣。官即欲尽心 久任使

民事，条教甫颁而代者随其后矣，岂能稍有展布也哉？此不能久任之故也。今请默采之众论，暗访之舆情，众皆曰可则留之，众皆曰不可则去之，务归之公而非私而已。

举贤能

一曰举贤能。天下岂无人才？患所以求之者不至耳！今朝廷屡诏求贤，几于虚己以听。内外臣工非无荐举，然大半已进身朝右、策名仕途者耳，甚至有已废而求起者。窃以为所谓求才者，当求之于草野隐逸之中、岩谷栖迟之辈，破格擢用，但采声望、核名实，不在阶资，而初进即予以一官，隆之以礼貌，程之以事功，既求之以虚名，复试之以实用，而人才自无或遗矣。

请言驭外之目：

驭外之目
遣使臣

一曰遣使臣。出洋使臣，所以应皇华之选者，虽贵乎正途人员，而必深悉外情、熟稔洋务者始可当其任。近见出自甲科者，大都以文章华国。其自视则甚高，而所以浃洽邦交、辑睦邻谊以相周旋而联络者，则恐未之或讲也。泰西诸国，互遣使臣，恒驻国都，其所以沾溉利益、有裨于国计民生、戎机要务者，指不胜屈。盖文字既通，语言既谙，性情交际亦无不合，故易密于往来。我则不然，大抵相见既已阔疏，及见之时，情又不能相属，不过虚行故事而已。其在人国，深居简出，以养威望而已。三年任满，言旋复命。欧洲诸国，既无民事，又无商务，政简事清，本可以卧治成之。其待使臣又极隆重，原属尽人可为，惟既岁縻国家金钱数十万，则所以重使臣之选者，似不可不再三留意焉。

一曰延律正。中西之律致有不同，然有律有例，准之以理，揆之以情，自无不同。泰西列国，一岁中所有交涉之事，若何断案，若何定案，皆必详著其前后颠末，悉载之书，颁行远迩，奉为成牍。窃以为各直省中西交涉之事，案牍已定，亦必如是以行。以后遇有事之相同者，即可援以为断，以省无数葛藤。惟非延西国律正则不能办。盖律正，所以助我而折衷者也。南北洋各国交涉之事，大小不一，错出纷歧，动多掣肘，宜延一公正律师，岁给聘币若干，以供有事之需。西人之为中国用者，西人每轻视之，如税务司各教习、舟师，西人皆视同中国之官，不与之秉公论事，独律正则否，以其本为人所延也。华人之习西律者，虽亦得称律正，实不能压服西人，赵孟之所贵，赵孟能贱之也。惟有名望之律师，莫如英国。前者，福州乌石山争地一案，上海福星轮船赔银一案，吴淞口追还铁路一案，皆英国律师担文为之办理，著有成效，灼然可观。今何不以岁币延请，如遇事变，使之力任艰巨；无事，则可悉各国之情。外务、枢部均可时得其消息而图维之。此于时事实大有所裨也。 延律正

一曰行日报。中西交涉之事，西国民人有从旁持公论者，每以中国为曲而以己为直者何也？盖惑于先入者为之主也。中西交涉事起，其始必先载于日报。主笔者为久居中国之西人，往往扬外而抑中。观其所论无难，曲直混淆、是非倒置。又其平日之间，所载中国公私大小各事，多涉刺讥而津凌侮。自不知者观之，不难为其所惑，况未 行日报

至中国之西人乎！其轻我中国也，积渐而然，诚无足怪。今莫若反其道而行之，亦于要处隐设西字日报，藉以维持公论，久之，自可回西人之心而为我用。而于交涉之事，彼自不敢肆其簧鼓。此之谓战胜于笔舌之间，而其为用实隐胜于铁舰、兵轮也。

柔远人

一曰柔远人。我朝湛恩滂沛、圣德汪洋，远方之人，悉予怀柔，抚辑在帲幪复载之中，此所以积渐生骄，而贵在有以随时裁制之也。今我所谓远人，乃受我之俸糈而供我所驱策者也。楚材晋用，自古有之。既仕我朝，应当视同一体，勿区畛域。其愿住不还者，宜令地方官为之保护，务得其心，以为我用。中国人之佣于西舍者，必非端人，或贫无聊赖者，计乃出此。西人之愿为中国用者，亦未必皆诚悫方正者流，且西人视之亦生轻藐心。然使诈、使贪，亦视上所以用之者何如耳。西人质朴而性直，推心置腹，即可得其死力。其窥测外情，必明于我。可令洋务委员时与之议论，俾其尽言勿隐，乃可得其端倪，斯临时办事，庶可藉手。如是，则我国所用洋人，乃能得实效矣。

执公法

一曰执公法。泰西列邦，每遇军国大计，辄持公法为辩论之地，而我中朝，堂堂上国，反不得预其列，此前者蒲宴臣之所以必争也。顾彼谓万国之公法，我则谓此乃万国之强法。盖国强则公法得而举之，亦得而废之。英人不与俄议行陈之律，即其明证也。夫公法者，不过据情度理而已。西人虽强，当不能越乎情理之外。苟其所请之事可者，许之；不可者，拒之。设彼欲以兵力强求，则我惟有执公法与之周旋而已。

一曰循和约。我朝与泰西各国订立和约，当颁行各直省，俾通商口岸有所遵守。如有交涉之案，援照和约办理。若有逾于和约之外者，所请非理，则必以和约折之。每岁所定案牍，当附于和约之后，使将来办案者有成例可援。如是，西人虽狡，必不能蹈我之瑕矣。历来我国办理洋务，其弊在畏葸因循，柔懦模棱，延搁岁月，置不速办，催讯再三，仍复不理。盖地方官以五日京兆自居，一旦离任，则使后来者肩其责而己得脱然于事外。于是，西人愤无所泄，必且诉之其国驻京公使，事之小者大，理之直者曲，而办者乃棘手矣。此正坐"畏"之一字害之也。其畏之由来，则在不明洋务之故也。由是观之，沿海地方官宜以深通洋务者为之，其益岂浅鲜哉！ 循和约

此四者，所以总其大纲，而政自无不举矣。伏冀俯鉴下忱，作刍荛葑菲之采，不胜幸甚。

再陈管见

中外交涉要当内外变通

为续陈管见、再竭所知事：窃尝论办理中外交涉事宜，要当内外变通也。钧环历地球一周，留心考求、集思广益者，两年馀矣。曩者需次粤垣，应官听鼓，曾捧大宪檄遣办理洋务，得与西人往来亦有年矣。每见交涉之事，动形掣肘。向时不解其何故，今始恍然。盖精神不相属，意见不相融，徒袭其皮毛、未谙其情性也，毋怪其格格不相入也。

我国外交动致龃龉之缘由

泰西各国互遣公使，驻扎其国都、通商立约者，尤倍于我国。何以别国则相安无事，而我国则动致龃龉？盖以内自总署，外自使臣，皆未能深知其阃奥也。泰西列国，文字语言可以相通，性情风俗原非相远，易于联络周旋，故其情亲而密。若我国则反是，故其情远而疏。以是内情不能达之于外，外情不能达之于内，隔阂有由然也。设使总署在内，时与各国驻京公使往来；使臣在外，时与其政府诸臣接纳，安见遇事致多棘手也哉？出使以使才为第一，同往随员皆宜秉公遴选。应对翻译，要当各尽其才，俾无愧乎皇华之选，毋徇情意、毋私故旧、毋收荐纳、毋取干求，皆必以真才为先。为使臣者，无过亢，亦无过卑，尤必时与西人晋接以通彼此之情。设使泥于人臣无外交之义，深居简出，养尊处优，一切概行杜绝，徒以虚縻廪粟，国家复何赖有此使臣为哉！

夫使臣之职，在固邦交、睦邻好而已，徒自夸诩，适为外人所轻藐耳。随员皆必以深明洋务为上，若愚鲁暗昧、骄愎矜肆，平日痛恶西人，则至其国中安望其能有裨益哉。今者，皆以随使出洋为终南捷径，请托钻营，夤缘奔竞，无所不至，盖以廉俸之优也，保举之速也，官阶之进也，此外皆不及知也。使臣亦徒以三年一任，事毕言旋，则名已加矣、利已有矣，至于维持国体、宣扬国威则不及计也。然则国家岁縻帑项数十万金，诚何益之有哉？夫泰西各国，虽互遣使臣以敦辑睦，而无事则玉帛相将，有事则兵戎相见，此固出诸意中。为使臣者能弥缝而斡旋之，一言而两国纳福、兆姓蒙休，岂非使才之特出者哉！ 使臣之职

遴选使才之法，首以通达外情、晓悉洋务、熟谙西律、兼识方言为上。列国情形固已稔知灼见于胸中，列国之条约亦能剖析指陈于掌上，遇事自无窒碍。又其与列国使臣周旋晋接，必须规模宏远、气宇阔达，外人见之，自深钦服。推而之于参赞、领事各员，何莫不然。选举之法，须由南北洋大臣、总理衙门秉公保荐，无论其阶级之崇卑、资格之深浅，破格擢用，不拘一途。苟有材不胜任者，则当时立予罢斥，毋使滥竽。若出使于外，不能和衷共济，以致妒才忌能、倾轧排陷者，询有实事，必加参罚。中外交涉之事，所应办理者甚多，如华人旅居于美、日、秘三国，多为外人所凌侮；古巴、吕宋皆令华人岁纳身税，苛待百端；吕宋赌票贩售于上海，有干国禁，此皆使臣应与其国互相驳诘者也。 遴选使才之法

钧人微言轻，学识梼昧，何敢以洞知洋务自居？且言之益足以招嫌忌。惟是蒿目时艰，不忍默而不言。所谓狂夫之言，圣人择焉。倘蒙俯加采纳，不胜幸甚。

续陈管见

为续陈管见、敬竭所知事：窃以今日洋务一门，似为首要，而洋务委员，首重得人。诚以得人，则洋务大小无不俱举矣。

洋务委员首重得人

我朝自与泰西列国通商立约以来，其先置洋务于不讲，或有言及者，辄鄙薄诽笑之，甚者几同于掩耳盗铃、讳疾忌医，以致中外交涉之事，一误再误三误而不已，此有志之士所为长太息者也。近年以来，当轴者颇知以洋务为重，而夤缘钻刺者流又以之为终南捷径，其实不过好为大言以迎合上意，而可以见之事实、著之实效者，则仍未之有也。

今就列国通商，分为南北洋，各有专司：析津为畿辅之锁钥，广州为海洋之门户，两者所系，实为最重。窃以为上海当南北之要冲，天下阛阓之盛，推为重镇，而洋务之枢纽即在于此。第一在苏松太道员有折冲应变之才，其次则在会审衙门之委员。法国租界，其事尚少；英国租界，最为繁剧，非熟晓洋务、深谙西律、精明干练之人，不足以当此任也。何则？英租界中，各国领事皆驻扎焉。有事会商，辄持己见，非秉公法以折之，不能关其口而使之悦服。故非曾经出洋或略通西国语言文字之员为之，终不能联络一气而事无掣肘也。

上海要冲洋务枢纽

夫固邦交、睦邻好，固非得人不为功，即遇龃龉之

辞令之不可少

事，排难解纷、平争息忿，亦赖言语之间有以转移之，此辞令之不可少也。至于诘驳问难，执我法度，使就范围，则必于平时足以取信于彼然后可。西人秉性质直，不以情感，可以理折，故使洋务人员而为守优长、操履清洁，合乎舆情、孚乎众论，彼未尝不加敬焉。是则朝廷选择人材、任用官吏，由此可推矣。

出历外洋一年有半

《出使须知》详陈利弊

钧以燕山下士，樗栎废材，承知遇之恩，得以备员皇华之选，随侍星轺，出历外洋，缪膺日斯巴尼亚都城参赞之职，在其国中旅居一年有半，中间曾周游英、法各处，于其国之国政、军情、民风俗尚，略有所知，见闻所及辄笔之书。曾著《出使须知》一卷，详陈利弊，用备采择。每至一国，必与其政府人员相接纳，周旋应对，略悉其情。乞假言旋以来，以公事往还，屡经沪渎，承各国领事宴会雍容，谬加推许。席间每言及执事勋业之隆、威望之著，推诚布公、纡尊降贵，无不同声钦仰。法人虽狡，亦必深自敛戢，不敢稍逞。盖山泽之有虎豹，江湖之有蛟龙，伏乎其中，威乎其外，渔夫、樵叟，自不敢狎至焉。薄海士民，罔不倚赖。钧见闻浅隘，学识梼昧，以芹曝之忱，为刍荛之献。虽明知无当高深于万一，然必竭其涓埃者，诚也。伏望俯赐采纳，不胜竦仄翘企之至。

天南遁叟手校

附　蔡钧出使须知□

□ 据光绪乙酉（1885）弢园老民校印本整理

□ 穆易校点

出使须知序

昔圣人论士曰：使于西方，不辱君命。盖诵诗三百，其尤要者在乎应对之能专而已。春秋之世，列国诸侯讲信修睦，雅尚辞令，珠槃玉敦之交，彬彬焉，郁郁焉。所以周旋折冲者，固大有人在。是以得一博物君子言交行远，遂足以绥服强邻而增光国家。降及汉晋唐宋，或持节而威扬，或结亲而词达，或申明辨而群蛮奉命，或逞雄才而异域来归，或应答如流敌君赏其得体，或议论不屈国主讶为奇材。大抵不辱命者，在长应对。专应对者，在博学问。此古今所同然也。矧我国中外通商，势将天下一家。其必资博通谙练之才，于以交邻而修好也，昭昭然矣。 曾国荃序

国荃叠膺简命，摄篆三江，适当洋务纷更，海防严肃，励精图治，辅佐需贤，亟求内通经术、外谙世务者，未可多得。有蔡君字和甫者，禀不凡之姿，负群通之誉，昂昂如千里驹，汪汪若万顷波，其温文尔雅，缜密沈雄， 蔡君和甫如千里驹

俱为斯世罕觏。及与纵谈时事，始悉年少入仕，练达老成，于国政得失利害之处，靡不晓明而畅彻。所尤著者，上年随使节历涉西洋，遍交美、日、秘、英、法各国者数载，酬应国主及部院官绅，典礼仪文，毫无疏略，不辱君命，其在是乎？因缮呈所集《出使须知》《出洋琐记》请序简首。公馀偶暇，披阅大略，见其条例所载，大而军政典礼，以及赋税船炮诸要务，皆详其制度数目；小而风土人情，以及服色器物各微款，悉纪其好尚情形。其议时政利弊，具征识胆卓超；其讲酬应礼文，足见心思慎密。且于各国言语文字，多方学习通晓，著以示人。盖忠诚体国之心缠绵固结，故能深考细究，无微不至，无物不周。是编之刻，岂寻常笔记所可拟耶？

此编洵为使臣圭臬

国荃检阅公事，几无片刻之闲，而为序有难已者，不为叙其颠末，恐未知此编所载洵为使臣圭臬，凡出洋者，必不可少；更未知集是书者，目见耳闻，殚心考记，其为国家所系，殊非浅鲜。故略述其由，见蔡君不愧博物之望，堪增邦家之光，他日重其书兼重其人，必乐得急用，以为幸爱其人，益忧其书，且其争先睹以为快矣。是为序。

钦差南洋大臣太子少保署理两江总督一等威毅伯曾国荃撰

出使须知自序

窃自德格有苗风闻重译，道通西旅使谕南粤，赐结骨而穷发来归，赏特勒则颉利大惧。威羌豪者，令行罔拒；服鲜卑者，信及无违。金册遥传，越海之鸟鲸动；色敕书前，达滹沱之旗帜生辉。堂堂天子，垂衣入朝，万国赫赫。中郎仗节使去三韩，以故黄支乌弋之伦，验东风而受吏，凿齿雕题之辈，识海水而来王。此古来所以一尉候合车书图王会录职贡者，无非使命遄驰，德思广布，缔交浃洽，诚信相孚也。迩来中外通商，几有合天下为一家之势。彼此使臣驻札，原为讲信修睦，通好辑和，而其中往来交际，即以洞见各国时事，与夫民俗之好尚若何，政教之张弛若何，俾得烛照无遗，措施有据，于以趋其利而远其害。故凡耳目所经，闻见所及，甚未可以略而忘之矣。 自序

钧奉郑玉轩星使奏调，随使美、日、秘三国，自港起程，经日本，越大东洋，达美都城。驻美三月，随节自美 随使途程

至纽约城，由纽登轮，越大西洋，抵英国，由英京伦敦渡海抵法国，自法都巴黎至日斯巴尼亚国而止。陆行数万里，水行数万里，其城郭地名甚繁，难以详志。嗣因使署需员襄办，札留日都，以古巴、秘鲁皆用日国言语，驻日多暇，兼习日之语言文字，留心考究，多方学习，数年内酬应日国部院官绅，凡晋接礼仪，幸无疏虞陨越。奈与其地水土未宜，时患咯血之症，请假养疴，未蒙允许。去夏劳案牍、冒瘴疠，致撄河鱼之疾。泰西非无名医针砭药石，究与中土异致，而与华人脏腑，一若格不相入者。且日都偏处欧洲之东，曾经三折肱者，亦不概见。再三呈请，始令回华。二月初旬，力疾就道，径渡地中海，越红海，取道锡兰，问途息辣而还，四月乃抵粤垣。

札留日都
留心考究
多方学习

追忆年来涉历各国，上而政事典章，下而民情风土，靡不问俗采风，旁咨博访，冀以洞悉周知，如指诸掌。他如疆域之广袤，都会之华盛，以及山川人物之瑰异，稽诸外乘，考诸星轺笔录，多有纪载，无事赘谈，惟酬应礼节，衣服器用，辄略焉而弗及，亦一阙典也。窃思我国家海禁宏开，将来通商之国，叩关而求互市者，当必有加无已。是则需用洋务谙练人才甚殷且亟。浸假使臣出洋驻札，上有发纵指示之大寮，而下少赞襄匡助之学人，亦未得尽展其抱负，而悉见之措施也。随使一有不慎，非特见轻于外人，实于中国所系，尤非浅鲜。有志出洋者，尚其殚心研求，动中窾要，则为益于国家大而远已。兹将呈递国书、朝会宴贺诸典礼，以及应带衣物、各西官物色，凡

著述出使
须知原由

有关于日用酬酢者，一一具载。管见所未及者，姑从阙略。又将所学三国语言，以中土南北正音切成西音，汇集简编，以便览习，名曰“舌人小录”。其纪舟车之所经历，耳目之所见闻，程途远近、南北往来者，有类乎游记，名曰“出洋琐记”。初意事涉琐屑，只宜藏诸箧笥，勿出示人，以备他日出洋之用，乃索观者众，咸为嘉叹不置，谓此一书也，各国情形了如指掌，应对仪节井然有条，洵为出洋者所必不可少。与其私诸一己，曷若公诸同好哉！爰是，不揣固陋，付诸剞劂。谨叙颠末于首，非敢自任为识涂之马也。私冀于国家睦邻柔远，或不无小补云尔。燕山蔡钧和甫自序于粤垣旅廨，时光绪十年岁次甲申浴佛后四日也。

蔡钧出使须知

钧，燕山之鄙人也，筮仕粤东，需次穗垣，应官听鼓者亦既有年，蒙上司称之曰能，屡试之以盘错，曾捧檄专办洋务，幸未尝辱命。辛巳秋，奉郑玉轩星使奏调，随使美、日、秘三国。旋以使署乏人，札留日斯巴尼亚都城，参赞使事。旅居之暇，思及出使时凡百所需，宜于首涂之日，自行预备。其他与其国之卿大夫周旋酬应一切礼仪节文，亦宜讲求。虽曰其细已甚，而交际之间，苟或稍有疏失，必至贻笑于邻邦。古者会盟聘问，燕享慰劳，专尚文辞，竞娴礼貌。泰西诸国去古未远，况入国问禁，入境问俗，亦使臣之所不废也。不揣冒昧，谨贡所知阅者，幸勿以识小而忽之也。

日斯巴尼亚（西班牙）

一、出洋应用公服，宜知预备也。查出使欧美两洲，公服略有不同。自陈荔秋星使出驻美邦，概用行装。因美为民主之国，于衣冠不甚讲究也。欧洲则建邦已久，礼教

公服宜知欧美略异

浸兴。凡使臣呈递国书，或朝会宴享，皆穿其国礼服，如中朝钦使，则花衣挂珠，其馀寻常拜客，赴宴，悉用行装。花衣宜备织真洋金者一袭，刻丝者一袭。每袭一单一夹便可敷用。朝珠宜备金珀一串，茄楠一串。冬衣则大小毛各一套。秋季之棉衣，春夏之单夹衣，以多备一二套为妙。绒领、夹纱领、天鹅绒帽、纱胎帽，俱宜多备。盖出使外国，皆照行营例，不换凉帽，故备纱胎帽以为夏天所用。小帽并须备马尾织成，不配里者，缘外国人即暑天出门，亦不露顶；且需硬领，以护其项。若露顶与项，人将窃笑于其后，甚且沿途聚观，诧为怪异矣。各等靴鞋，均宜多备，以难于购买也。若更备乌绒薄底揸地虎靴，则陆路行走，更形利便矣。至亮纱芝麻纱各袍，及羽缨纬帽，均可不必携带。

便服宜知住行不同

一、出使便服，宜知携带也。居家服御，则尚朴素，出外接宾，则贵合宜，固不能概例也。况西人趋于势利，习尚虔洁，衣履必不使沾有尘垢。与人交接，先视其服饰，然后与谈。出使人员，务求衣冠伟然，足壮观瞻，始能相浃洽。故即便服，亦不可苟简率真。寻常则以铁灰酱色者为佳，而一切鲜色丽服，亦必多备，以便赴会之需。

西人重茶会

盖西人最重茶会，大者千数百人，小亦数百人。男女并临，若以鸟了衣冠往厕其间，鲜不匿笑矣。单夹薄棉，均宜多备。缘西人屋宇冬天悉有火炉，外间虽寒，入屋则暖甚也。皮斗蓬风帽，亦不可少。出门例必乘车，冬季沙尘扑面，风雪纷飞，须戴斗蓬风帽也。如赴茶会，及门则将斗蓬风帽揭去，交与门内司理衣帽人，即给回或纸或铜凭照，俟散会时领回。冬季皮衣，以灰鼠干尖紫毛为宜，羊皮西人呼为犬毛，视为贱物，不屑服御。秋季宜备单夹熟罗纺绸之类，夏季宜备官纱实地纱之类。而夏布最不相宜，所有衣服，悉宜配领并宜缝小袋，以储手巾时镖等物。汗衫、布袜更宜多备。套裤可不必用，盖四时均穿马裤也。各汗衫裤袜，必须自备记号，以免交与洗衣人致有混失也。西国街道，悉用砂石填平，行走最易坏鞋，而袜又不得染有织尘，更宜多备。计鞋袜费用较诸中国恒多数倍也。

行李宜知坚固紧密

一、行李有宜知也。重瀛远涉，异域奔驰，火车轮船，掀簸颠扑，其艰险倍于中土，箱笥稍不坚固，即被破坏，不独丧赀，且致乏用。故所携行李，又当知所辨别也。衣箱以双料全皮者为上，外用西国帆布包裹，更用套板，以绳捆束坚实。箱内衣物亦须安放完密，不可少松，庶免损破。零碎应用之物，自笔墨纸砚以至算盘、梳篦、牙擦、舌刮，均须多带。而公法、和约、字典各种书籍，俱以缩板者为佳，宜向上海申报馆及香港循环日报馆购备。厅堂陈设诸玩器，以骨董顾绣为上，画则取其设色鲜艳者，专带卉花一种便合。盖西人不辨中国名人字迹，而翎毛山水，则西国画手尤得神理，惟花卉设色，则大逊中土，故只宜带此。均须用坚固木箱装载紧密，不使稍留罅隙，外以蒲席包之。

食物宜知带其所缺

一、食物有宜知也。西土食品，虽与中国不甚悬殊，而嗜好则各别，且其人性皆好奇，每与出使人员往来浃洽，例必请餐，中国人员亦须设宴相酬。牛羊鸡豕，彼此皆有，不足为异，惟海味燕窝、豉油香油、各色小菜，则往往为西国所无者。惟美国之金山、纽约，日国之古巴，华人旅居其地者，实蕃有徒，故中国食品运往发售，莫不备具，然价甚昂，故不如自带，以备宴客之需也。中国磁器最为西人所尚，宜多带博古碗及高装大小碟数套，茶碗亦不妨多带，既便会客，且可赠人也。

中国磁器西人所尚

赠送礼物宜备

一、赠送礼物宜备也。西国最重应酬，无论男女，皆喜与外国人往来赠答。出使人员当知其俗尚，而于其国官绅及各国公使，皆与周旋，互相馈赠，俾情谊浃洽。遇有交涉事件，借资联络，易于办理。西人最喜中国物产，如上等磁器、骨董玩具，大小顾绣屏障及纨扇、折扇、玉器、牙器，粤东之香珠香包，各省之著名茶叶，皆须略备。即如吕宋烟花露水，本出外洋，而在外国购买，其价反倍于中国，故亦不可不购备，以便临时酌送于人。盖礼非物不行，情以物而将，勿谓清洁自持，而应酬之道可以不讲也。

附搭轮船各项宜知

一、附搭轮船宜知也。往返重瀛，水则资轮舶，陆则资火车，倏忽万里，最为利便，亦最为烦苦。盖中西政俗不同，规制亦异。苟非平日讲究而了然于心，必致临时有误，而悔不可追。凡附轮船，无论在何口岸启程，须先购船票，定房位，于未动轮先一日，将行李下船安放行李舱内，另购藤睡椅一张，书明字号，放于舱面，以备有时出舱眺望闲行，得以少坐。并购外洋皮包一个，小衣箱一个，以便储零星衣物，随时应用。茶壶痰盂，均不可少。盖船中遇有风涛，不无呕吐也。若船定十点钟启行，则八点钟宜到船，向管事询问已定之房位，央其指引。随将应用衣服妥放。头等舱，每房有床位二所；次等舱，每房有床位四所。如与搭客同房，宜格外与之周旋。倘己床位在上层，恐或呕吐，尽可与客婉商对换。又宜向船中侍役索白铁痰盂，放于床前。盖与西人相处，最忌任意唾吐也。又船舱房内不能吸烟，船中另有吸烟房。至需茶水，悉可摇钟以唤侍役，盖船中无论何处，皆备有钟，以便搭客唤人取物也。日夕无事，任人出餐厅坐立，或看书，或习字，颇觉自如。每当食餐，必预早半点钟鸣锣一次，历半点钟许又复鸣锣，搭客此时即出餐厅，午餐则鸣锣一次。早餐以八点钟为率，午餐则十二点钟，晚餐则六点钟。此东洋至美国轮船之规例也。若南洋法国公司船，则略有不同。凡中国人多系一人一房。房中不设唤人钟，如呼唤侍役，须出房叫唤。每日早八点钟用茶点，九点钟洋役鸣铎一次，九点半钟鸣铎二次，遂各出餐厅。一点钟又鸣铎用午餐，所食惟茶点酒果之类。四点钟三刻鸣第一次铎，五点钟鸣第二次铎，出厅用晚餐。及晚八点钟又鸣铎用茶点水果。若初次出餐厅，当问明管事人坐位之法，始可入座。每位有饭单，用铜圈或牙圈套住，圈有号码，客将圈除去，而铺饭单于身上，食毕仍将单套回，记明号码。嗣后皆坐此位，自不陵乱。每食一物，侍役随食随收，刀叉

船中无论何处皆备有钟以便唤人取物

铫碟亦随更换。如已欲再食某物，可向索取。倘呕吐不能出厅，则着侍役取食物一二品到房。凡呼侍役，英语曰杯，法语曰家桑。船例十一点钟息房灯，早八点钟以前，晚八点钟以后，皆可短衣赤足，在舱面行走。南洋船每餐备红酒车尼卑酒，东洋船则不设，若欲沽酒及别物，均可发字条着侍役向帐房取用，俟船抵岸，照单清结。船役托盘求赏，管舱人役例赏洋银四圆，餐房伺候人役亦赏四圆。登岸着侍役搬取行李，亦须酌赏小银钱数枚。

雇坐火车欧美情形

一、雇坐火车宜知也。欧美二洲火车规例大致相同，须预早半点钟到车房购买车票。路途近者，或床或椅，均听其便。美洲路远，则车厢悉是床位。每车约床二十馀架，须另买床位票。欧洲车少，床位价既倍于椅位，且须先定，盖每车一辆或坐八人，或四人，与美洲车制迥殊。如搭客少，则椅位亦可偃卧，殊不觉苦也。倘有亲友送行，每人须以银一角购进门票，到车房内有椅可坐谈。随将行李交公司人，权其轻重，照计车费。若随身衣物，则可不计。公司收费后，给回票据，即有人代运，妥放车后，毋庸自理。抵埠时，凭票点收。然车票必须随身携带，盖沿途均有管车人索验也。车将启行，早一刻开车路门，即当携随身衣物登车，坐定后放衣物于架上。如有女客同车，须行西礼，以示恭敬，庶不轻我中国人。每日停车三次，以便搭客、食餐，然停车不过二十五分，或二十分不等。食餐以速为妙，盖车并不俟人也。或不欲下车，亦可着饭馆送到。美洲车有睡床，早则撤，晚则设，管车

女客同车须行西礼

人理其事。又有烟房，有厕所。欧洲车多无厕所，凡经村落，必停轮三五分时候，俾搭客如厕。然厕分男女，其有女仆立于门外者，女厕也，切勿误入。车行时，不宜放手出窗外，车行甚速，防路狭处触物致伤也。如遇换车，可到饭馆食餐，每人或收银一圆，少则七八角不等。随身衣物均须自携。至于交司车人之行李，则有管事代运，车既抵埠，管事到收车票，即给与之，而将行李票向司车人取回行李。欲到某处，或雇车或雇船，可交代理人妥为料理。至搬运行李之人，仍均须赏银数角。

一、与西人往来宜知也。西国风俗尚朴，而其人之性情率多伉爽，且好洁而恶嚣。与人相接，初若格格不入，落落难合。而周旋既久，则真挚恪谨，既无疾言遽色，亦无恣意惰容。故寓所必铺地毡，设唾壶，以便坐谈。倘相过访，偶有咳嗽，必须以巾掩口，不可涕泗纵横，不顾而唾。即吸吕宋烟，亦当置灰于唾壶内。衣服必须鲜洁。其客厅两旁，悉设靠背椅及贵妃床，主人让客登床。倘眷属出见，或有女客，须虚右以让之，盖西国以右为上也。与妇女坐谈，不可吸烟，若属深交，必须声明，以西国妇女皆不吸烟也。坐毕告退，无论男女，皆握手为礼。彼出左手，则我以左手握之；彼出右手，则我以右手握之。一日数见，亦须握手。我若过访，告退时须先出右手相握，及厅前又一握手，然后出门。若偕出游，同乘马车，亦当让西人坐于右。至言语应对，在其人之临时变通，要以忠信笃敬为主。而一切应酬，切不可有寒酸羞涩之态。盖中国

与西人往来之礼节宜知

无论男女握手为礼

声明文物素为彼所仰重，当有以惬其望也。

西国文武服色宜知

一、西国文武服色宜知也。泰西制度，各国略有不同。其中详细，原难缕述，惟就其外易知者言，则文武官弁，本自判然有别。如文官之帽，则前后俱削，上以金银线堆作云形，衣则领袖皆织金线。武官戴圆帽，亦有如中国之铜魁帽者，帽顶以鹅毛为缨，衣则两肩皆有云朵，袖亦有云花，裤两边以金线或银线作长条，直贯至脚。文官大员多有约阔三寸之红白绸或蓝白绸披于右肩，掩至胁下，据称是宝星带。武官必佩刀，亦有结绳如胁骨形，悬于胸际，或衣后横嵌一钥匙样，以示区别。议院爵绅，其衣皆前短后长，而形颇尖削，名为官衣。帽则高甚，亦名官帽。美洲民主之国，类皆服此。若日斯巴尼亚国各学官服则长过膝，且有披肩，并分红、紫、蓝、黄、白各色，以别差等。律政司人员则红衣红冠，状师则黑衣黑冠，医士则黄衣黄冠，传教士则白衣白冠，天文地理及各等学官则蓝衣蓝冠，教主则紫衣紫冠。有时教主亦服红衣冠，或胸前悬一金锁，此其大略也。

呈递国书各国稍异

一、呈递国书宜知也。使臣出境，既到所驻之国，接印后即往拜会外部大臣及接引大臣，遂照会外部代奏，定期呈递国书。洎接外部回交，先将颂词缮就汉文一分，翻就西文一分。届期君主以朝车来迎，使臣捧汉文颂词，翻

英国呈递国书礼仪

译官接西文颂词，偕同参赞等官，登车入朝。如英国，则到宫时，英后已饬侍卫大臣、世爵、命妇肃立以俟，并备有小宴，先与使臣等同席小酌，然后接引大臣带领入内

宫。使臣到门一鞠躬，行数武又一鞠躬，距殿座数步又一鞠躬，随即拱立。参赞、翻译等官立于使臣后，使臣将汉文颂词取出，双手捧读毕，翻译官继读西文颂词，随将国书交接引大臣转呈君后。君后饬交外部并着答以颂词，而向使臣请皇太后皇上圣安，并慰劳数语，鞠躬而退。既出宫门，使臣即向接引大臣道谢，仍乘朝车回署。法国则届期接引大臣以朝车一辆、从马四匹来迎，宫门外有兵列队奏军中音乐以延客。入殿仍三鞠躬，读颂词，递国书，均如前仪。惟总统亲受国书，自答颂词慰劳。鞠躬而退，出至宫门，兵队复奏乐相送。日斯巴尼亚国亦以朝车来迎，惟多接宾之官一二员乘马同至。君主接国书、答颂词后，行至使臣前问皇太后皇上安毕，谕以君后欲见中朝人物，即带同入内宫谒见君后，行礼鞠躬如仪。俟君后慰劳毕，复鞠躬而退。俄国则须先拜会接引大臣，届期到朝房亦先见接引大臣，用茶点后，带领入宫。惟使臣进殿呈递国书，参赞人员悉立殿外。傍列侍卫甚众，规模整肃，气象威猛。国主见使臣后，则出见参赞人员，而朝房已备酒筵，异常丰腆。退出宴饮毕，乃告辞回署。美国则呈递国书后，总统亲至前与使臣握手，然后告退。此其礼仪之略有不同而仍属一致者也。惟来迎之朝车骑从人等，均须有赏赉，多则百圆，少亦需六十圆，始合礼裁。回署后，当先往拜会各国公使，倘一日不能遍及，则可分作两日，不可有遗，亦不可过缓。各部院官绅，亦须遍往拜会，俾敦友谊而资联络。拜客既毕，须在署候客回拜。至数日之

法国呈递国书礼仪

日国礼仪

俄国礼仪

美国礼仪

后，酬应稍暇，然后将应办事宜向外部酌量。盖西国最重酬酢礼仪，固不可以虚文而忽之，致愆于礼而授外人以口实也。

朝贺礼仪井然有序

一、朝贺礼仪宜知也。使臣出驻各国，遇其国有朝贺大典，例须赴会以敦友谊。先由接引大臣预日移文照会，届期到朝房，俟各国公使人员毕至，由接引大臣引入内廷，按各等班次站立，参赞翻译人员则立在公使之后。倘公使不在，应由代办参赞代往，而立于四等公使之末，署理参赞则立于办事大臣之末。次序昭然，不容舛紊。排班既定，国主偕后齐出，各皆鞠躬。国主升座，自右后升座，自左坐定。其国勋臣爵绅文武员弁，由东阁门鱼贯而入，至君主及后前鞠躬致敬，即由西阁门出。君主及后俟其臣朝贺毕，即降座至各国公使前，君主先问答数语，后继之。自头等公使起，至末而止，此时各行鞠躬礼。倘使臣不通西语，则翻译官行前一步，代为酬答。君主及后问答既毕，鞠躬而退，各使臣亦皆鞠躬相送。俟君主及后入宫，然后趋出回署。

朝内宴会礼节宜知

一、朝内宴会宜知也。西国每年正月或君主及后寿辰，均设筵席于内廷，邀请各国公使暨勋戚爵绅宴会。先两日由接引大臣下帖知照，当即复书应允。届期入宫，先与各国公使暨勋戚爵绅会齐，俟君后出，各一鞠躬，即随君后入餐房。所有坐位早已派定，亦以各等班次为序，须自留心详认己名，从容入座。食毕，君后先起，各皆起立，仍随君后出外厅叙谈。厅旁有烟房，有酒厅，备列各式洋酒及架非茶。此时并无拘束，行立坐谈，各从其便。至于吸烟、饮酒、啜茶，亦无一定，各随其意也。惟须俟君后入宫，乃能散归。然此是西班牙国宴会仪节，若英美各国，则于席上用架非茶毕，即各散回署矣。此又微有不同者也。 架非（咖啡）

一、朝内茶会宜知也。西国最重茶会，宫中每年亦必举行三两次。自各国公使人员暨其国勋戚爵绅、文武官弁以迄富商殷户，皆得与焉。而妇女之赴会者，则固西国常例，人所共知也。每会男女多至二三千人，冠履交错，环珮铿锵，诚盛举也。先期亦由接引大臣传帖知照，一切礼节略仿宴会式。惟君后出时，御前大臣抚掌为号，众闻掌声，各即肃立，及见君后，亦一鞠躬，而随同到跳舞厅，君后先为之倡，各公使暨其国大臣命妇继之，不能者则傍立以观。君与后跳舞毕，或携手闲行，而宾客仍随意跳舞，或彼此散步立谈。倘遇君后，须一鞠躬。约一点钟，可以散归，不必俟君后入宫也。盖君后入宫，每以两点后钟为率，而宾客仍多不散，有跳舞彻宵以为欢乐者。若中国使署人员初到，未及谒见君后，应由公使引见，为之先容，谓此署中某人，充当某职，何时到署，仰恳君主君后赏以荣光云云。见时亦鞠躬以致敬。 朝内茶会跳舞交谈

一、赴寻常筵宴宜知也。西人最重应酬，与外国人员相交既稔，恒有宴客之举。必先两日传帖通知，即应回函道谢，若不欲赴宴，亦须婉言道歉。届期当计程途远近，预备马车，按所请时刻先到，庶昭敏恪。衣服只用行装。 寻常宴请须知礼节

到门，主人必已在内厅前立候，当先与握手称谢。如女主人在，亦须与握手，不能以中国之礼，有所拘泥，反形简慢，致召愆尤也。入厅见各宾，皆须鞠躬。倘有认识或稔交者，则握手问好。客齐入席，主人已有名单分贴坐次，须认定己名入坐，此时主人不再让客也。侍役先捧汤至，次烧割，次点心及各式食品，皆随食随收。食毕，主人先起，让客出席，或闲行，或坐谈，各从其便。凡西人请宴，多有男女同赴者，即己之妻，亦不能并肩而坐，盖有稔交者，或陪坐以致其敬意，而彼此女眷又或曲意款接，以示殷勤也。如遇女客陪坐，当于席散时向之称说蒙马单过爱，可许我扶掖否？“马单”乃西国妇女尊贵之称，译言太太也。彼如允诺，则用右手挽其左手，偕出客厅。彼欲行则与缓步而行，彼欲坐则携至椅而坐。彼既坐定，必向称谢，我则鞠躬答礼，然后退出。欲归，须俟女客尽散，始向主人道谢告辞。

接洽女客之礼仪

寻常茶会以舞联谊

一、赴寻常茶会宜知也。西国茶会，最称盛会，每于春冬两季举行，匪以寻欢乐，实以联情谊也。惟有大小不同，大者男女赴会，多至千数百人，必盛设音乐，备大跳舞。晚间十点钟或十一点钟，客始到齐，散则并无时刻。其能跳舞者，竟至天明而止。如不能跳舞，则于十二点钟到餐房稍用茶点，至一二点钟可以回署，毋庸见主人告辞也。惟赴会时，客宜携带所请帖，俾入门时便于核验，盖人数过多，虑有杂人混冒，滋生弊端，故需验帖以昭慎重也。主人候于厅事前，相见握手后，即可任意行坐，或寻认识者叙谈，并无拘束。小茶会多则百馀人，少则数十人，恒有每礼拜举行一次者，皆其国大臣爵绅端居多暇，借以畅怀。各国使署解讲应酬，亦相继兴，用资联络。其热闹虽不及大茶会，然亦有跳舞，而女客则抚琴歌曲，以和之。男客则或作诗属文，对众吟诵，以见志。此时如在座中，切不可径往别处，须俟其唱吟既毕，随众抚掌赞美，然后他适。此等礼节，即访友亦然，不特茶会。盖遇其唱诗等事，若率尔径去，则嫌于有所鄙薄，掉头不顾，殊令人难以为情也。小茶会主人款接宾客，较之大茶会倍极殷勤。客入门握手后，主妇必引见各女客，初则鞠躬，次则握手。如欲归，亦俟女客散去，然后向主人告辞。更有下午五点钟起至七点钟止之茶会，此皆坐谈，略用茶点，归时须向主人告辞，与大茶会无庸见主人者异。盖因会之大小、事之繁简有所不同也。

如遇吟诵不宜离席

一、请客宴饮宜知也。出使外国，与西人来往，张筵请客，俱从其俗。凡中国之满汉筵，概不必用，以西人不惯用箸也。先期三四日，或发帖，或致函，都不必拘。届期主人先立内厅，门外客至，则前迎，与之握手，引入客厅。俟客到齐，则导至餐房，照西国款式，列长桌，设各式果品及各种酒杯。而主客坐位方向，则英美与法日诸国微有不同。英美二国则席设南北向，主人坐于正南，陪主人者则坐于正北，以主人之右为首位，左为次位，馀以此类推。主人之前列盘数十，上汤进馔，皆主人亲派与各客。上汤后，各酌红酒或车厘，彼此举杯相敬。肴馔将

请客宴饮俱从其俗

罢兰地（白兰地）

毕，主人酌三边酒敬客，次酌罢兰地，随食水果，即上架非茶。饮毕散席，主人引客至厅，略为坐谈，即告辞而退。法国与日斯巴尼亚国，亦席设南北向，而主人则正东坐，陪主人者则正西坐。如有女客素与其夫稔交者，当以此坐让之，所以昭情好示友谊也。若主人眷属行西国礼，亦坐于正西。首位在主人正东之右，次位在陪主人正西之右，馀亦以此类推。坐定，上汤俱侍役为之，主人不亲送至客前也。酌酒进馔，如英美式。肴毕，上冰乳，上点心，随上洗手盂，俟客盥濯毕，主人先起，导客至厅，预设罢兰地酒及架非茶，听客自用。倘有尊贵女客让坐首位者，席散时主人须挽之至厅，庶昭恭敬，勿以为嫌也。客告辞，主人送出门时，应自道简略，殊深抱歉，此虽应酬之恒套，然要不可或略也。又英美二国客厅、餐房，皆以煤气灯为重，法及日斯巴尼亚国则不用煤气灯，而专燃蜡烛。各式玻璃罩亦必备具。陈设务极辉煌，令人每到一处，则耳目改观。此又各国所尚不能概以相例者也。

设请茶会力求出色

一、请茶会宜知也。茶会为西国盛会，其陈设较诸筵宴尤须力求出色。自各厅以及烟房餐房，皆宜多备花草，陈设精致，浓淡合度，疏密得宜，以期雅俗共赏。又须购备洋琴，以便女客抚而唱和。即小茶会，亦须预备。必先两三日下帖，邀客。届期多备酒肴茶果，俾客随到随食。门内派一管衣帽人，多备或纸或铜或象牙号单，每一客到，则代收其衣帽而给以号单，俟散时凭号交回衣帽。惟每号必须两张，以一张交客，以一张置诸衣帽内，庶不致有混误也。主人如无女眷，须邀稔交之西人妇女代作主人，以陪女客，盖请茶会必并请其妇，而赴茶会者亦必夫妇同到也。主人俟于厅门外，客到握手后，厅客自便。如客欲跳舞，已实不谙，则请陪客者代主人导至跳舞厅，此大茶会之仪式也。小茶会并无跳舞，然亦须邀女客代主人酬应各客。欧洲茶会以十点钟为期，约至十二点钟，则主人先挽女客入餐房，诸客继之，任意各用茶点酒肴果品。客散时，约在二三点钟。惟美国则较早。小茶会客多以下午两点钟到，而以六点钟散。即有跳舞之大茶会，客亦恒以九点钟到，约两点钟散。此又两洲之微有不同者也。

一、使臣等级不同应行事款宜知也。泰西各国，彼此简派公使驻扎，以办事务，以敦和好，向有头等、二等、三等之分。其头等者，并加全权大臣之衔，位至尊而权至重。中朝因之，惟少全权字样。然既属头等钦使，则各国相待必加优礼。既到所驻之国，当先讲究应行事款，斟酌尽善，庶足以昭体统而令外人敬畏。到时即应照会外部，请其代奏，定期呈递国书。事毕，当函知各国驻札公使暨地方官绅，某日某时在署见客，届期接引大臣必来代为招接宾客。其时应穿礼服。见各客毕，翌日即当往各处答拜。而设会以请接引大臣，酬谢其劳。嗣后凡有朝会，皆为各国公使领袖。倘有别国君主或王子到，查例当往拜见者，则早日知照各国公使，定期往谒，切勿忽略，致贻讪笑而启愆尤。此头等使臣应行之事款也。至二等三等使臣，又有不同。到国时，先咨照外部，随即往拜会外部及

各等使臣行事宜知

接引大臣，请外部定期呈递国书，俟外部咨定日期，呈递国书后，即应往谒接引大臣暨拜会各国公使。俟客答拜毕，复查明本处官绅勋贵世爵议院首领，以便公馀之暇，随时拜会，俾通声气而资联络。凡各国公使，资格品级亦须详访而强记之，庶遇朝会宴饮，可按班次坐立，不致混乱，取笑外人。有事与外部晤商，须偕翻译官同往。盖使臣即谙通西语，相商公事，必借翻译传递，以昭慎重而示大公也。

各国公使宜常联络

一、使臣宜联络各国公使也。朝廷简派使臣奏带随员出驻外洋，原以修好敦睦，各国公使同在友邦之列，理宜加意应酬，时相往来，俾情意浃洽，声气相通。居常则雍容晋接，藉通消息。遇变则坛坫折衷，藉资援助。倘有交涉之事，至要且难，十分棘手，正可因前日之交情，密往请教。纵外部意欲拒驳，而公论具在，外部恐犯众怒，必不敢始终固执，任意把持。是平日酬酢似觉无谓，而临事之获益良非浅鲜。微特使臣在所宜知，即署中人员，受朝廷之禄，有襄赞之责者，皆不可于此事缺然不讲也。

各国官绅宜常交结

一、使臣宜联络其国官绅也。各国交涉之事，皆外部总其权，视我国总署，似觉较重，则外部之王公大臣，宜与周旋，俾泯嫌忌。其国中地方事务，则权归议院，院中爵绅，若经妥议，虽君主亦难批驳。是院绅又操一国之权者也。使臣既驻其国，固宜曲意与外部款洽，次而爵绅，次而地方文武，亦必相与应酬，务期情好无间。遇有公事，外部既有交情，商办自易，更得院绅赞助，则无不大者化小，难者化易。盖西人最争体面，苟有交情，必不肯任友人稍有抑屈而必力争求胜。试观西人之到中国者，遇交涉事，必诉诸其国领事，即有甚曲之处，领事亦甘为之袒庇，向地方官托词请免。若不得当，遂盛气相争，继则以是为非，拗曲为直，移文照会，纷至沓来。仍不得行，终且播耸驻京公使，出与总理衙门理论，哓哓不休。彼岂不知其理之甚短哉？惟既欲争体面，则存好胜之心，而不复有所顾忌也。倘我国使臣无论出驻何国，悉与其外部及院绅皆有往来，而各省有口岸，督抚亦与出驻外国使臣领事时通音问，则遇有西人在中国不守规矩，而其领事复为袒护，自可将实情函达总署，转咨使臣，向其国外部明白言之，迨晤王公爵绅、议院大员，亦为道及，则端倪显露，莫不灼知其是非曲直，必能代我妥为处置，甚且将领事撤之回国，以免失友邦之谊矣。如是则蒙蔽既绝，挟制不行，而通商之省不从此省却许多轇轕之事哉！然此犹其小焉者也，至于有关国体重大之事，万不可行者，苟非使臣能联络其官绅，何能猜嫌悉泯，情伪周知，克持坛坫之盟，无愧皇华之选哉！

使臣事务宜辑成书

一、使臣宜将每年商办事件汇辑成书也。衔命出使，内以维持国体，外以辑睦邦交。年中与外部商办事件及往来酬酢，虽有大小轻重之务，然一言不协，一事不妥，皆足以贻悔而招尤。则此际拟议言动，固不可稍存意见之私也。宜于年终将各国往来公文汇录成帙，分送各国公使，并着翻译官译出汉文，咨送总署，俾于披览之下，洞悉各国办事情形。遇有交涉事件，自可折衷办理，而不致为各国驻中公使牵制，且令后来出使人员得所持循，有所把握。凡事无不按部就班，以雍容于坛坫会盟之间，指挥于文告纷驰之际。是劳瘁一时，而裨益靡既，岂非不虚此一出哉！

宜学西语以便应酬

一、使臣宜稍学西语，以便应酬也。国家简派使臣，出洋驻扎，均取其老成望重，足资倚畀。若西国语言文字，自有翻译代为传达，本不责以所难。惟是与西人交接，寒暄数语，必不可少；周旋仪节，亦当合宜。若觌面握手，不发一语，只借翻译代传，加以中西礼文，复格格不相入，而欲彼此投契，盖亦难矣。夫平时既不能浃洽，安望遇事可以婉商？则欲于盘根错节以别利器，正当于所甚轻者而加之意也。闻朝廷遣曾袭侯出使英法俄等国，每到一处，即为其人敬重，事后犹称慕弗置，则以袭侯于英法二国语言皆能通晓，与其人会晤，彼此寒暄，如出肺腑以相示，又留心于西国律例公法，遇交涉事件，必援证诘驳，殊无游移之见，虚浮之谈，故西人敬之畏之，恒以胆识兼优相推重，而不敢有所挟制把持也。然则使臣出使外国，固当务其远者大者，而不徒区区以口舌见长。然欲借应酬以资联络，则化而裁之，变而通之，固有不能拘泥者在矣。

曾纪泽

使署人员宜留旧人

一、使署人员宜多留旧人以资熟手也。国家量才器使，必求人地相宜，出使外国，何独不然？盖事以习练而益精，才以阅历而愈出。若用人如弈棋，倏忽更易，则情伪安能周知，措施安能克当！西国公使，虽亦届期更换，然所带随员，要不过二三人，且有独携仆从赴任者。凡署中人员，悉仍其旧。盖以公使初到视事，于其国情事苦未尽悉，必留熟手以资襄赞也。中国则不然，每新简钦使，出都所带随员，竟有至二三十人之多，奏闻朝廷者，盖三分之一耳。既到外国，苦无位置，不得不尽易旧人。无论滥竽者难资得力，即有一二英特之士，才学兼优，而历练未深，于各国当行事宜，于外国应办事件，全未有知。外人见此动举，辄启轻藐之心，渐生陵侮之念。是多带一二新人，不足为使臣重，且将贻家国羞也。今欲内尊国体，外固邦交，必须多留旧人，庶乎有济。

洞悉外情使臣之要

一、使臣宜洞悉外情也。凡人之情，无不夸其所长，而讳其所短。苟非洞悉其隐，则每为所蔽，以致堕其术中。西人之到中国，本以图利，而日出其技能，以炫耀我之耳目，如军火、轮船、电线、铁路，皆以其所有而傲我所无，显以示其强盛，而隐以慫其凭陵。我若于彼国之事势，今昔之情形，不随时以讲究，留心以体察，猝遇事故，胸无把握，必致被其挟持，为其牵制。即事机尽失，大局难挽，误国殃民，而终未之或悟，良可慨也！试观西人前来中土，不独其公使领事在在悉心访察我之政教风俗，举凡朝廷颁一令，用一人，民间有一事，遭一变，悉朝闻而夕报回国。即贩货之商贾，传教之牧师，亦每到一地，必探其道路之远近，山川之险阻，民物之蕃鲜，地方之利弊，详为纪载。其非言语所能尽明者，则又绘图贴

西人来华之举动

说，务期一目了然。故有利则共趋，有害则共避。而数十年来，中国几归其掌握。沿海任建埔头，立地界，开口岸，而莫敢或拒。然各国仍眈眈虎视，时思蹈瑕抵隙，纠合众力以谋为我之不利。是事机之倚伏，间不容发，无时无日不属，可危可惧也。夫彼犹是人，我亦犹是人，彼有才识，我岂无才识？彼有智慧，我岂无智慧？朝廷既不惜岁费巨帑，简派使臣往驻彼国，亦欲得知其事势情形，而预为之备耳。使臣似宜于轺车所到，虚心延访彼国之人，以得其政教之要领，形势之扼塞。及抵其国都，则察其议院用意之所在，即一言之微，一事之细，亦悉详记而切究之。倘与中国关涉，事体要重者，即为专折奏闻，馀亦每月汇报总署，务其纤悉靡遗。俾重洋之远，俨如咫迟之近。如是则彼有举动，我悉周知，可以预为防维。纵或事属万难，亦可会集臣工，各抒所见，妥为处置，而不致势同拾沈，坐失机宜，徒深握腕。盖欧洲各国，犬牙相错，蚕食为怀。彼厚则此薄，彼替则此兴。外虽联络，内实猜忌。故各国公使，亦必互相窥探，稍有所闻，即驰报回国。惟与我中国人谈论，则恒隐各国之恶习，而扬各国之善政，使我眩惑，入彼彀中。若遍历各国，处处留心考察，转觉彼之所言论，与我之所见闻，迥有大相径庭者，然后恍然有悟，浩然长叹，而深悔不早慕宗悫之壮志遐举，乘长风破万里浪，以环游地球一周也。由此言之，刺探外情，是使臣第一要着，即第一急务。盖使臣为朝廷耳目之所寄。若使臣懵然而未有知，致为外国所愚，是不啻

我国使臣应有对策

刺探外情第一要着

耳目失其职，而朝廷亦终于受外人之愚焉耳。而谓公忠体国者所敢忍出于此耶？是知拘迂非循谨，便给非肆应，讳言外事，恶闻外情，并非崇体统、敦品望，凡膺皇华之选者，正不得以雍容敦槃之间周旋坛坫之上，遂谓奉令承教，可幸无罪也。

习练外事使臣之宜

一、使臣宜习练外事也。西国政俗，各有不同，而要有其国律例以为准绳。其与外国相交也，则又恃有和约，参以公法，纲领具在，条目灿然。凡遇办理交涉事件，必先详查公法，按照和约，讲明而切究之，又复再三筹度，立定主见，然后出而剖办，临事鲜或仓黄，事后并无尤悔。当其详审时，即亲友到访，亦必俟其稍暇，然后接见。其专心致志有如是者，内而外部大臣，外而公使领事，必其资格既深，乃畀以重任，诚以遇事贵乎安详，办事贵乎历练，非可以卤莽而承其乏也。譬如医生，虽情习岐黄之术，自《灵枢》《素问》以迄，历代名医之书，无所不览，究而了然于心，惟临症颇少，则按症用药，虽不悖乎古而执滞不通，毫无变化，究难着手成春，沉疴立起可知。使臣出驻外国，办理外事，必资历练也。盖历练既深，则遇事均有辙迹可循，操纵惟己，更得参赞翻译人员以资熟手，则有利于国者知无不为，又何致为外国所轻藐，外人所挟制哉！夫事必有始终，而序必有先后，所以办之，则宜知其缓急，故每每初见为难而后觉其易，初觉为易而后见其难者，亦在乎人能审其始终，分其先后，以得其缓急所宜，而泯其难易之迹而已矣。我国办理交涉之

有心历练之利

事，总不能批窾洞要者，只缘时当无事，则存一轻视外国之心；势值有事，则存一畏葸推诿之念。首鼠两端，从违莫决。其刚愎者与之谈及外事，恒觉转喉触讳；其庸懦者，先自中情惶惑，谓多一事不如省一事。此所以贻误大局，迄今而不可挽回也。若使臣皆干练之才，矢公忠之志，既到一国，则察其情伪，究其形势，详考其今昔所行之律例，而又参以万国之公法，各国之和约，提纲挈领，犁然悉具于胸中，则办理小事固可措施裕如，泛应曲当，即遇重大之事，似乎万难措手，而彼之情伪形势，我早谙悉，自能剖晰毫芒，奏刀砉然，迎刃而解。彼虽挟奢愿以来求于我，蹈瑕隙以要挟于我，而和约具在，公法犹存，何难关其口而夺之气！若使臣徒以位高望重，惟知养尊处优，除呈递国书外，则深居简出，惟冀转盼三年，交卸回国，援例升迁，微论轺车所到，凡风土人情，漠不关心，即久驻彼国，于国中有何举动，院中有何议论，亦不屑探听，惟凭每日所刊出之西字报着翻译择译一二事，以为有所见闻。外人将有所窥我之隐，安肯俯首降心甘受我之范围哉！盖历练不深，则挟持无具，而措施万难克当。凡此所言，似过于激烈，然忠言逆耳而利于行，良药苦口而利于病，窃愿膺皇华之选者，加之意也。

无心历练之弊

代办参赞应行事宜

一、奏留代办参赞有应行事宜也。朝廷简派使臣出洋，有一人而兼驻数国者，有因事而暂往他国者，使署事务，例由使臣酌留得力参赞代为办理，以免兼顾维难，致滋贻误。参赞既接任视事，即请前任参赞照会外部，并请代奏定期偕同前任谒见国君。盖前任回国，例应拜辞，故一并举行，以省烦数也。其礼应三鞠躬，以自别于使臣。谒见国君毕，即当往拜会各国公使及其国官绅。遇有朝会宴飨典礼，班在四等公使之末，其国亦以四等公使之礼相待。每当见各国公使及其国官绅，须加意款洽，容貌词气务尽谦和，不可过抗，尤不可过卑。寒酸之态，鄙吝之怀，当一洗而空之。盖名虽参赞，而既留代办事务，即有应行应发之件，实与使臣无异，上何以持国体，下何以笃邦交，胥于是乎赖。若猥琐龌龊，绝不与其官绅交接，而又惮见各国公使，则将为彼所轻，不独有负使臣所委任，抑亦辱朝廷而为使臣羞。其关系良非浅鲜也。膺此缺者，似当早为筹及也。

一、使署各等参赞有应办事宜也。使臣出驻外国，署中例设参赞数员，虽等级不同，而所以助使臣之擘画，均当收臂指之效。盖公事旁午，或遇极难措手之处，使臣精神有所未周，识见有所未到，参赞皆得从容筹度，预参末议于其间。然非平日习熟典故，谙晓公事，复与其国外部大臣、议院首领往来有素，酬酢浃洽，则遇事不能早有所闻而预举以告使臣，俾集随员各抒所见，妥为商酌，而免临时茫无所措，致为外国所挟持。盖办理交涉事件，必须刻刻留心，因时以为之备，然后胸有把握，词无屈挠，理直气壮，足以折服其心。若为参赞者自以微末之员，滥竽备数，碌碌无所短长，不过因人成事，未得此缺，则钻营嘱托，昏暮乞怜，既得此缺，则望色承颜，可幸无罪。利

使署参赞应办事宜

病不知讲求，可否不能献替，甚至身居其国，而于政事之得失、风俗之莠良、国势之盛衰、议院之举动，如隔十数重帐幕，茫然未有所知，遇事则随声附和，或恐发言触讳，转以缄默为宜，一若事之能辨与否，并无关于己，可不任其咎者，则国帑岁费巨万，安贵设此参赞为哉？即使臣亦曷有赖焉？甚矣，循名责实之宜极讲也。

领事应行事宜

一、领事有应行事宜也。领事之设，原为保护己国商民起见，其位虽逊使臣之尊，其权难比使臣之重，然其责任则上宣国恩，下联民志，似较诸使臣所关系更非浅鲜。既到驻扎之埠，于接任视事后，当即往拜会地方官及各国公使，随到会馆拜见董事，详询名望素著巨商其有几人，以便次第先往拜候，俾得访究利弊，妥为兴革，遇有要事，亦可传齐到署，彼此熟商，以集思而广益。然其要，

浃洽地方领事之要

尤在与地方官往来浃洽，庶遇华商禀呈事件，藉有交情，易于商办。不可因循，尤不可畏葸。若初次办事，即务包荒，或迁就了事，则商民之心既有所不平，地方官绅复气骄志满，遇事求逞，以谋为华民之不利矣。每日应将是处各新报着翻译译出汉文，凡于时事有关者，即当缮成手折，按月递呈使署，俾使臣得以各处所报见闻汇呈总理衙门。至于应带衣物及署中陈设之所必需者，悉当购备，俾得带同赴任。盖西国之例，领事与使臣不同，各物惟初赴任时可以免税，若随后送到，即衣物亦须照则完纳厘税也。

一、领事当留心应酬也。领事有理民之责，而较诸州

县等官，其关系尤重，即较诸州县等官，其治理更难。盖州县官在中国之土，治中国之民，权势可独伸而无旁人为之掣肘。若出驻异域，商民虽皆华产，然每多入籍各国，崇奉西教者，且其人良莠不齐，除富商巨贾外，悉属工艺之流，读书明理者，实在寥寥无几。各树党与，遇事争执，其来赴诉于领事也，彼亦一是非，此亦一是非，甚或不暇详分曲直，动辄械斗报复，寻仇视为常事，而土人又从而期闻之，地方官则本西律以痛绳之。彼愚民勇于衅而啬于祸，其辱国体、隳邦交，有不待言者矣。如是虽设有领事，不几成为赘疣，适启外人轻侮之渐哉！惟领事能与会馆绅董时相会晤，复与地方官及各国领事素有往来，互相酬酢，则华民有事禀呈，其仅属彼此争执者，自可传集绅董，妥为排解。倘受外人陵辱，亦可商诸各国领事，向地方官力求代为伸理。盖领事能出而酬应，其益有三：地方官既有交情，遇事易于商办，不致格格不入，骤形龃龉，一也；各国领事均属稔交，则事虽万难，措手亦可恳求指教，彼此联络，唇齿相依，地方官恐难逃公论，不敢任意把持，二也；驻札之埠既有华商会馆，领事择其绅董之品行端方、名望素著、向为华人所仰重者，与之深相结纳，则凡事皆可与熟商审处，先定主见，然后移咨地方官办理，所欲与聚，所恶勿施，民心无不折服，三也。有此三益，而复刻刻留心于国计民生，则朝廷恩德无远弗宣，万姓心志无涣弗萃，外人倏听风声，咸深詟慄，自不敢萌其欺藐，肆其凭陵。倘或有失睦，骤启争端，而我民素荷

留心应酬领事之宜

领事应酬其益有三

帡幪，久思报国，何难传一纸檄文，使纠合忠义，以敌忾而同仇。即道途远涉，声援难通，然闻国家需用浩繁，必有踊跃输将以济缓急者矣。是领事能不惮烦以求无负于民，即民亦无所吝惜以求不负于国也。此固领事之荣，而亦使臣之光也。

随员宜知遇事留意

一、随员有宜知也。使臣奏带随员，原以托腹心而助臂指，等级虽分，情谊甚笃。为随员者，宜时时存无负使臣培植之心，遇事留意。勿以己无专责，惟知唯阿取容，领取薪水。盖今日之随员，即异日之使臣，断不可妄自菲薄也。凡到一处，则访其风俗，览其山川，询其时务，俾历历了然于胸中。而西学尤不可稍有忽略，必须留心考究，随时学习，纵不能得其全豹，亦庶几窥见一斑。则使臣之赖以襄赞者必多，而声名亦从此鹊起，位禄即由是霞蔚矣。至于与西人交接，亦属分内之事，不必托避嫌之说，杜门谢客。惟应酬之间，谈论之际，心存谨慎，毋亢毋卑，毋亵毋鄙，期无失中国体统而已。盖西国政俗与中土迥不相侔，宾主往来，女眷悉出而见客，杂坐畅谈，略去形迹。我能以礼自持，即属善于引嫌，即终日晤对而亵狎不生。正不必以我之不可，学柳下惠之无不可，反生其嫌忌，而致见轻于西人也。然此等见解，在拘谨者言之，则鲜不以为流弊无穷，必将身败名裂，为使臣之累贻，国家之羞。不知入其国，当悉其俗。使臣出驻外邦，原为修好敦睦起见，则凡属随员，安得不稍为圆融，俾相联络。所恃以保其身名俱泰者，曰慎曰敬而不敢遽萌苟且之思

不忽西学留心考究

焉耳。

翻译宜知一言一字均须慎详

一、翻译有宜知也。使臣出驻外洋，半多未通西语。朝谒会晤，每所欲言，全赖翻译代为传递；遇有交涉事件，亦须翻译缮译。稍有不慎不详，一言之错，西人固将传作笑柄，一字之舛，彼又必藉为确据。后虽反复剖辨，得以别白，业已多费唇舌矣，况有时竟不能也。则与其悔于后日，何如慎于当时乎？至于随同使臣出门拜客，又当详究礼仪，庶昭郑重而免见轻。同车则须让使臣在右，入门则须让使臣在先。如平等之客，当俟使臣与客握手后，翻译始可进与客握手。若属宰相王公大臣，使臣虽与之握手，翻译宜注视审视，必俟客先出手，乃可与握，彼若不出手，则行一鞠躬礼便可随同入坐。盖西国部院大臣，颇有自负位高望重，不轻与人握手者，故为翻译，宜善自为一己地步也。而国朝典礼，万国公法及各国律例和约，翻译均须购备，每于暇时，即博览而详记之。盖西人每于晤谈之际，询问国家典礼，循流溯源，娓娓不倦，借以开其知识，成其淹博。我若全未披览，茫无以应，或随口杜撰，彼将以我为不学无术，而生其轻藐之心矣。公法公例与及和约，西人靡不留心，必不持此问难，惟使臣任重事繁，遇有交涉事件，彼此诘驳，难免一时遗忘。苟得翻译从旁援证，代为转达，则西人失其所挟持，而国事之赖以有济者，其裨益良非浅鲜也。故翻译一缺，较诸参赞，似稍逊而实视参赞为尤重。在选用者固当秉公审慎，而膺此选者，亦当立志向上，以勉图报称而增使臣之光宠也。

公法律约均须购备

王韬跋

蔡太守和甫，十馀年前旧交也，始见之于邹梦南观察席上。眉宇间觉有精悍气，一睹而知其为不凡才。继而陈竹香太史至香海，和甫偕之来，由此始往来通缟纻。梁少亭主政，与和甫创设药局，谬推余赞襄其间。赀不集则典质以足之，和甫之勇于为善如此。宦于粤中，大吏知其能，屡试以盘错捧檄办中外交涉事，皆不至于掣肘，如竹迎刃，如丝就绪，其才盖有足多者。猥以予能通西学，略稔洋务，时殷然下询，余以是知和甫之能虚以受益也。适郑玉轩星使奉命为驻札美日秘大臣，有以和甫荐者，遂随星轺西迈，旋为日斯巴尼亚参赞。居两年馀，以疾乞假言旋。五月间由粤至沪，访余于淞北寄庐，谈次袖出其所著见示。一曰“出洋琐记”，则追述其耳目之所见闻，舟车之所游历，凡道里之远近，山川之诡异，土风俗尚、国政民情，无不备载焉，俾未至海外者，可作宗少文卧游观。

蔡和甫其才足多

出洋琐记游历见闻

一曰“出使须知”，则凡随使节以渡重瀛，备皇华而专应对，折冲乎樽俎，焜耀于敦槃，周旋晋接夫宴享朝会之间，以克副此使才之选，而无虞乎陨越者，必以是书为先路之导，识涂之马焉。有心哉，和甫之为是书也，固当人置一编者也。余尝谓泰西使臣之莅止我邦，与我国使臣之出使泰西，其难易繁简，迥有不同者。泰西列国以通商为专务，赖商力以佐其兵力，商之所至，兵亦至焉。无事之日，兵轮战舰驻泊人之境中，隐然若敌国，一旦衅起，玉帛兵戎几于听其所择。又其来者，皆富商巨贾，力能兴大役，举大事。曩时通道东南洋，争城略地，皆启自东方贸易公司，此其明证也。若我中土商旅之足迹，绝不远临异域，至于耀兵于海外，更无论已。使臣至彼，自呈递国书之外，几无一事，直可以卧治成之。若南北美洲与东南洋各岛国，我国之民趋之者如鹜，几不下百数十万，然皆孑然一身，赤贫无赖，佣工负贩，仰其鼻息，或入其教，或隶其籍，悉归其所管辖，犯禁干例，由彼定罪，我使臣苟治之不善，适足以启中国羞。然则孰难孰易，孰简孰繁，固自晓然矣。和甫深知乎此，故于使臣之出驻人国，以联络情意为先。盖既隔阂之以语言文字，又复拘泥之以礼貌仪文，不过各因公事得见一面而已，斯则情意何由而申哉？夫两国交际，宴享雍容，原古者之不废，泰西列国之风犹近乎古，会盟聘问，皆以酒醴笙簧为欢聚好合之具，情至而文自生焉。然则貌合神离，情不足而文有馀者，为彼邦人士之所不喜可知也已。余览是书而深服和甫之能尽

出使须知先路之导

泰西列国专务通商

使臣联络情谊为先

言毋隐也，随使外洋者，苟能三复是书，思过半矣。和甫既至京师，献书阙下，颇为当轴所许可。前后所上条陈，剀切晓畅，皆可见之施行，是真可谓能明时务者矣。他日者，或持节远邦，或出守要郡，当必能大展其抱负，而见之于措施，以自行其所言，岂第作纸上空谈而已哉。披阅既竟，乐为之跋其后。天南遁叟王韬，时光绪乙酉秋九月下浣六日也。

蔡钧出洋琐记（附出使须知）

人名索引（数字为页码）

八画

九画

十画

十一画

十二画

十三画

蔡钧出洋琐记（附出使须知）

译名简释

三画

三番息士郭

San Francisco，旧金山

马得力

Madrid，马德里

四画

日斯巴尼亚

Espana，西班牙

巴士郎拿

Barcelona，巴塞罗那

六画

西嘉郭

Chicago，芝加哥

八画

欧扒拉

Opera，歌剧

九画

阁龙坡

Colombo，科伦坡

十画

都发

Dover，多佛尔

十四画

嘉那华会

carnival，嘉年华，狂欢节

嘉厘符尼亚

California，美国加州

嘉勒

Calais，加来

十五画

黎佛浦

Liverpool，利物浦

走向世界丛书一百种

初编三十五种以＊标出

＊ 谢清高 海录
＊ 容　闳 西学东渐记
＊ 林　鍼 西海纪游草
＊ 罗　森 日本日记
＊ 斌　椿 乘槎笔记
＊ 张德彝 航海述奇
＊ 王　韬 漫游随录
＊ 志　刚 初使泰西记
＊ 张德彝 再述奇（欧美环游记）
＊ 张德彝 三述奇（随使法国记）
王　芝 海客日谈
＊ 祁兆熙 游美洲日记
＊ 李　圭 环游地球新录
＊ 郭嵩焘 伦敦与巴黎日记
＊ 张德彝 四述奇（随使英俄记）
＊ 黎庶昌 西洋杂志
＊ 刘锡鸿 英轺私记
李凤苞 使德日记
钱德培 欧游随笔
＊ 何如璋 使东述略及杂咏
＊ 张斯桂 使东诗录
黄遵宪 日本国志
＊ 黄遵宪 日本杂事诗〔广注〕
陈兰彬 使美纪略
＊ 曾纪泽 出使英法俄国日记
＊ 王　韬 扶桑游记
＊ 徐建寅 欧游杂录
谭乾初 古巴杂记
王之春 谈瀛录
＊ 李筱圃 日本纪游
池仲佑 西行日记
蔡　钧 出洋琐记
袁祖志 瀛海采问纪实
张祖翼 伦敦竹枝词
王以宣 法京纪事诗
潘飞声 西海纪行卷
潘飞声 柏林竹枝词
潘飞声 天外归槎录
张荫桓 三洲日记
邹代钧 西征纪程
王咏霓 道西斋日记
张元济 环游谈荟
余思诒 楼船日记
缪祐孙 俄游汇编
张德彝 五述奇
＊ 傅云龙 游历日本图经馀记
傅云龙 游历美加等国图经馀记
洪　勋 游历闻见录
崔国因 出使美日秘国日记
＊ 薛福成 出使英法义比四国日记
＊ 薛福成 出使日记续刻
陈道华 日京竹枝词

严　修 **东游日记**
姚鹏图 **扶桑百八吟**
凤　凌 **游馀仅志**
* 黄庆澄 **东游日记**
吴宗濂 **随轺笔记**
宋育仁 **泰西各国采风记**
王之春 **使俄草**
伍廷芳 **美国视察记**
* 蔡尔康等 **李鸿章历聘欧美记**
张德彝 **六述奇**
刘学询 **考察商务日记**
黄　璟 **考察农务日记**
罗振玉 **扶桑两月记**
罗振玉 **扶桑再游记**
丁鸿臣 **东瀛阅操日记**
沈翊清 **东游日记**
* 梁启超 **新大陆游记**
张德彝 **八述奇**
载　振 **英轺日记**
吴汝纶 **东游丛录**
双　寿 **东瀛小识**
缪荃孙 **日游汇编**
周学熙 **东游日记**
* 单士厘 **癸卯旅行记**
凌文渊 **籥盦东游日记**
张　謇 **癸卯东游日记**
蒋　煦 **西游日记**
王景禧 **日游笔记**
陈　琪 **环游日记**
* 康有为 **意大利游记**
康有为 **德意志等国游记**
康有为 **英国游记**
* 康有为 **法兰西游记**
韩国钧 **实业界之九十日**
李濬之 **东隅琐记**
盛宣怀 **愚斋东游日记**
* 戴鸿慈 **出使九国日记**
金　鼎 **随同考察政治笔记**
* 载　泽 **考察政治日记**
程　淯 **丙午日本游记**
康有为 **西班牙等国游记**
杨泰阶 **东游日记**
文　恺 **东游日记**
左湘钟 **东游日记**
吕珮芬 **东瀛参观学校记**
* 林汝耀 **苏格兰游学指南**
* 单士厘 **归潜记**
金绍城 **十八国游记**
附 艾儒略 **职方外纪**
附 南怀仁 **坤舆图说**
附 丁韪良 **西学考略**
附 艾约瑟 **西学启蒙**

图书在版编目(CIP)数据

出洋琐记/(清)蔡钧著.—长沙:岳麓书社,2016.9

(走向世界丛书/钟叔河主编)

ISBN 978-7-5538-0662-4

Ⅰ.①出... Ⅱ.①蔡... Ⅲ.①外交史—史料—中国—清后期

Ⅳ.①D829

中国版本图书馆 CIP 数据核字(2016)第 189667 号

CHUYANG SUOJI

出洋琐记

作　　者:蔡　钧

校 点 者:陈四益

责任编辑:杨云辉

责任校对:舒　舍

封面设计:吴颖辉　贺红梅

岳麓书社出版发行

地址:湖南省长沙市爱民路 47 号

直销电话:0731—88804152　88885616

邮编:410006

岳麓书社网址:www.yueluhistory.com

2016 年 9 月第 1 版第 1 次印刷

开本:890×1240　1/32

印张:4.75

字数:106 千字

印数:1—3 000

ISBN 978-7-5538-0662-4

定价:30.00 元

承印:长沙超峰印刷有限公司

如有印装质量问题,请与本社印务部联系

电话:0731—88884129